父母艺术力

父母艺术力

简单易行的家庭艺术创造活动

[美] 琼·范·胡勒 JEAN VAN'T HUL 著　薛玮 译

The Artful Parent:
Simple Ways to Fill Your Family's Life with Art and Creativity

重庆出版集团 重庆出版社

安全提醒： 本书所涉及的儿童艺术活动均应在成人看护下进行。活动中可能会用到的剪刀、热熔胶或会引起孩子窒息的小配件，父母应小心谨慎，以避免不必要的伤害或损失。本书虽是一本指导儿童艺术活动的操作手册，但父母在实施的过程中需根据实际情况判断并操作。无论何种状况，幼儿的安全应放在首位。若有意外发生，本书的作者和出版方恕不承担任何法律责任。

本书中的文字、图片和插画，未经特别说明，皆为作者琼·范·胡勒原创。

谨以此书献给天下所有的父母。
艺术，让抚育孩子的过程充满欢乐；艺术，让孩子的创造力得以释放。
让我们拥抱艺术吧！

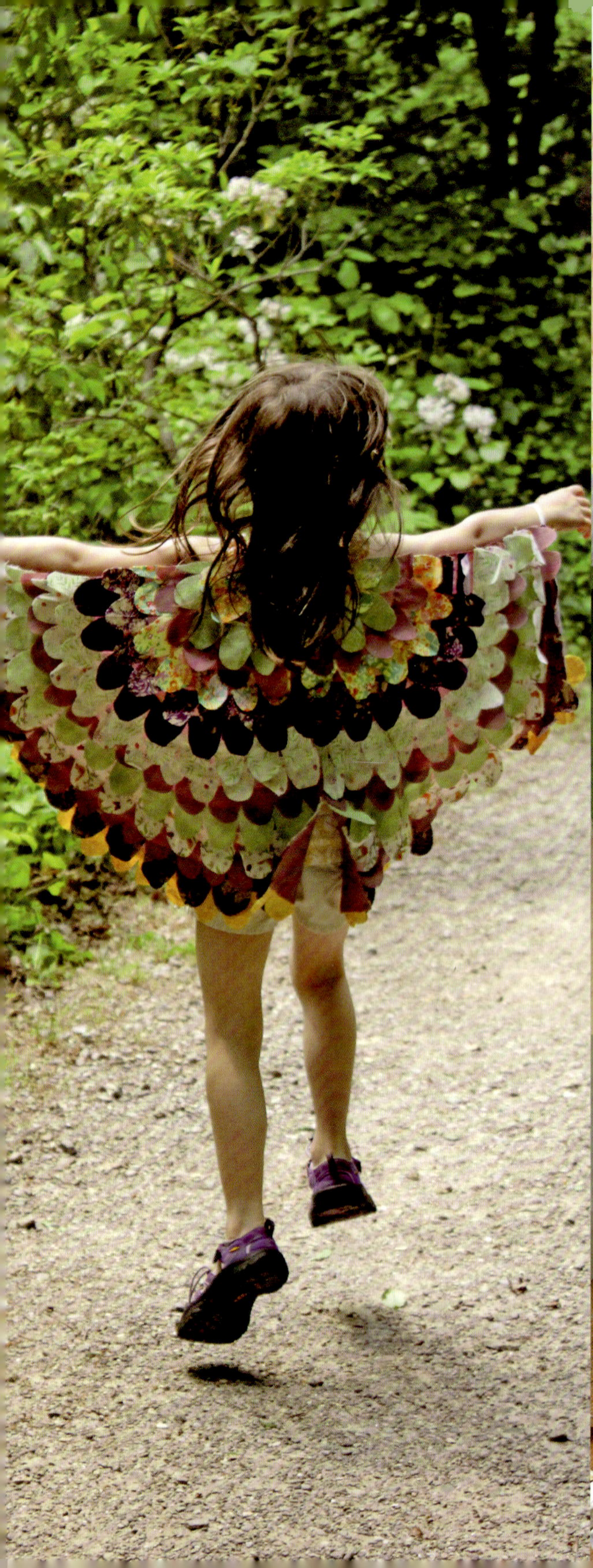
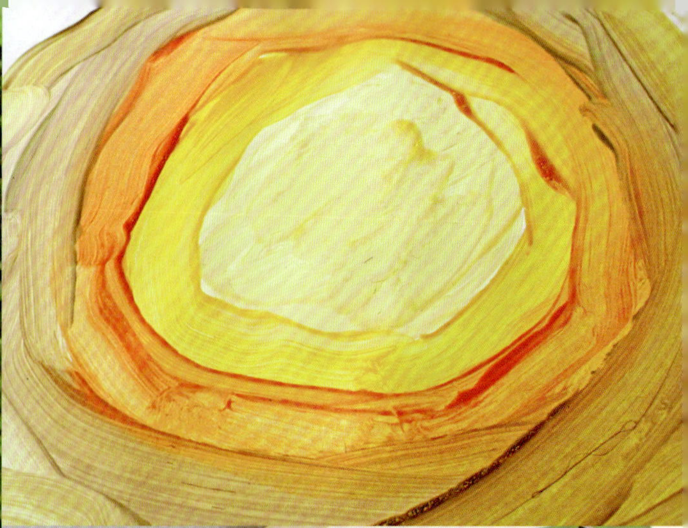
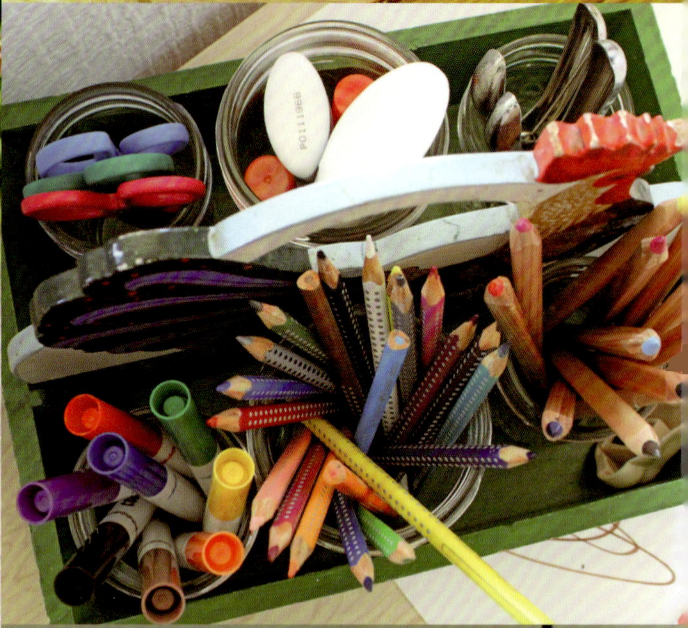
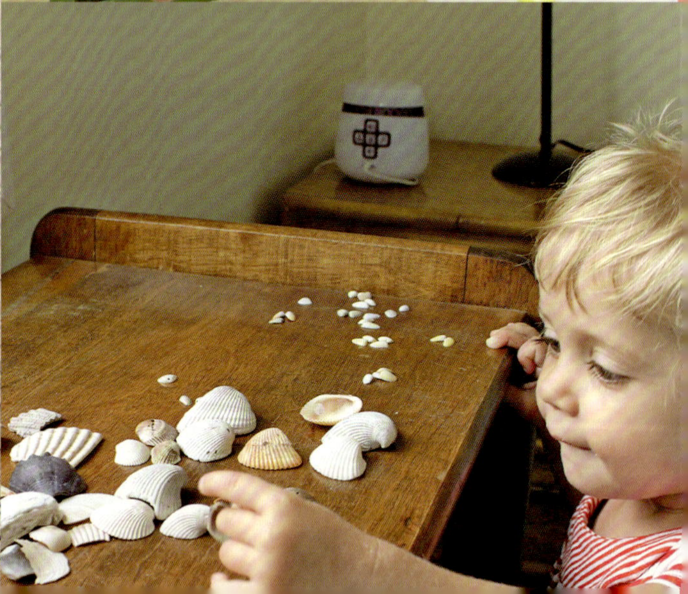

目录
Contents

前　言 ix

引言：拥抱艺术 xiii

第 1 部分　准备工作

1　探索艺术 3

　　什么是过程艺术？为何过程艺术富于创造性？ 15

2　细致规划 17

3　设置艺术空间 29

4　准备艺术创作的工具和材料 49

5　浇灌艺术的萌芽 79

　　谈论艺术：父母和孩子的心灵对话 88

6　保持创意灵感 91

　　蜂鸟、鹅卵石和地图：和孩子一起写诗 112

7　艺术作品的保存、展示和分享 115

第 2 部分　艺术活动

8　初入艺术之门 131

　　小手动一动，乐趣妙无穷 146

9	快速又简单的艺术活动	149
	利用可回收材料进行艺术创作	165
10	别出心裁的艺术活动	167
	捏黏土	190
11	行动艺术	195
	探索必备工具包：用实验性的视角看生活	220
12	适合休息和过渡时段的安静艺术活动	223
	在嬉戏中探索艺术创想和艺术材料	240
13	适合多人的艺术活动	243
	群体性艺术的成功要素	266
14	家庭自制艺术材料	269
	天然的艺术	294

致　谢
译后记
父母艺术力可用资源
本书其他撰稿人简介
有关照片和插画作者

前　言

玛丽安·F. 科尔

在我女儿还小的时候，我就像琼·范·胡勒（本书作者）一样，是个挺有"艺术力"的母亲，只是那时候我可没听说过"艺术力"（artful）这个词，也未曾想到"艺术力"会是一种生活态度和生活方式。我们家角落里的早餐架子上堆满了各式各样的盒子，里面全是贝壳啊纽扣啊这些小玩意儿，上面还摆了好些罐头瓶，插满了马克笔和颜料刷；橱柜顶上也堆得乱七八糟，最上头摆了几沓画画用的纸；装鸡蛋的纸箱也垒得像个小山一样。孩子们早就习以为常了：她们早晨一起床，睡眼惺忪，头发乱蓬蓬，身上还沾着果酱，就直奔她们的小小"创作桌"，愉快地进行艺术创作了！画只奇特的小鸟，五颜六色的羽毛打着卷，顺着小脑袋拖曳下来；或者画上些层层叠叠的圆圈，然后在圆圈中间粘上洁白的棉花球（趁着她们画画的当儿，我会在平底锅里放点黄油，做些笑脸图案的薄煎饼，翻面，直到两面都煎至诱人的金黄色）。我们的每一天，从清晨开始到夜晚结束，无时无刻不充满了艺术和创造。现在回想起来，虽然没有精心的安排和周详的计划，每天却都是格外幸福的时光。我从未意识到，我引领孩子们进入了艺术的世界——作为一名母亲，我只是很乐意接纳艺术，接纳创造，并且我们的家庭生活也离不开艺术的点缀，而现在，我可以乐观又肯定地说，没错，我就是个有"艺术力"的母亲！

其实在两个女儿还没有出生之前，那时我还在教二年级的学生，我就已经发现艺术对于我们有多么的重要。在我的课堂里，学生们接触到的是真正的艺术：我从不会让孩子们去模仿那些精致却矫揉造作的艺术作品；每天，他们都可以用准备好的各种材料，大胆地表达自己的情绪。是的，我确实遇到些比较刺头的学生，有的坐都坐不住，有的上课完全不听，更糟的一些甚至无法用最简单的词汇表达自己的想法。可一旦教室里充满了艺术的气息，情况就完全不同了：你能听到教室里一片嗡嗡的交流声，孩子们热烈地讨论各自的艺术创想；每一个学生，千真万确，每一个学生的面庞都洋溢着快乐，热衷于自己的创作。艺术轻而易举地满足了孩子们的需求，因此我在课堂中尽可能地围绕教学内容，融入艺术。那些在传统课堂中表现差强人意的学生，通过艺术，却能进行主动和卓有成效的学习，各项技能都获得了长足的进步。孩子们被我的教学深深地吸引，而我也乐在其中。为什么？答案就是——艺术！我是个有"艺术力"的老师！

许多许多年之后的某一天，我无意中发现了一个名为"父母艺术力"（*The Artful Parent*）的博客（本书正是以此为蓝本），那感觉仿佛是流浪的游子回到了温暖的家——我所热爱的艺术之家。在这里，你可以看到孩子们凭借自己的努力、探索和发现，为每一次尝试赋予意义；在这里，艺术和创造如同日月悬空，光华普照。通过这个博客，我结识了琼·范·胡勒，一个非常具有艺术气息的母亲，艺术已然是她生命的一部分，尽管一路走来，这条道路并非坦途。这些年来，我看着她的孩子们在她所营造的充满了爱、创造和艺术的家庭氛围中茁壮成长，而我，也受益匪浅。琼总是能迸发出艺术的好点子，并且时刻提醒我，艺术，是生活的一种选择。

如果你也想尝试做个具有"艺术力"的父母，哪怕只是小试牛刀，比如每周三的下午和孩子一起捣鼓艺术，那你一定会爱上这本书。《父母艺术力》为父母所准备的艺术点子，切实可行，操作性强，足够家长使用，甚至能用上一辈子。在富有艺术气息的家庭氛围里陪伴孩子成长，你会发现孩子们能更好地发挥创造力，建立自信心，更乐观地看待人生和自己的存在，这是多么鼓舞人心啊。需要什么工具？家长应该怎么做？哪些方法有效，哪些不可取，原因是什么？本书将为你一一解答。我相信，除了给孩子读睡前故事和准备可口又营养的饭菜，让你的家庭充满艺术和创造将是你为孩子做的最好的选择。

从那时教二年级的学生至今，我的人生轨迹一直向着艺术前进：写书，创建工作坊，把过程艺术带给全世界的孩子们。我对艺术教育一直充满激情并深深体会到艺术对于孩子未来的人生以及对于家庭的重要性。艺术不止于创造，亦不止于探索，更非止于乐趣。充盈着艺术的生活可以磨炼思维，使人善于发现新的选择和可能，更好地解决问题、检验答案，独辟蹊径且不落窠臼。充盈着艺术的生活可以开启孩子的心智，并鼓舞他们成为拥有开阔思路、豁达心态的成年人。《父母艺术力》激发为人父母的我们去思考，同时也帮助我们培养出具有创造力的善思者和善为者。

拥有这本书，现在就和你的家人一起开始充盈着艺术的生活吧！你的生活会变得多姿多彩，其乐无穷！加入我们的队伍吧，做一名"艺术力"父母，让你的家人也拥有终身受益的创造力！

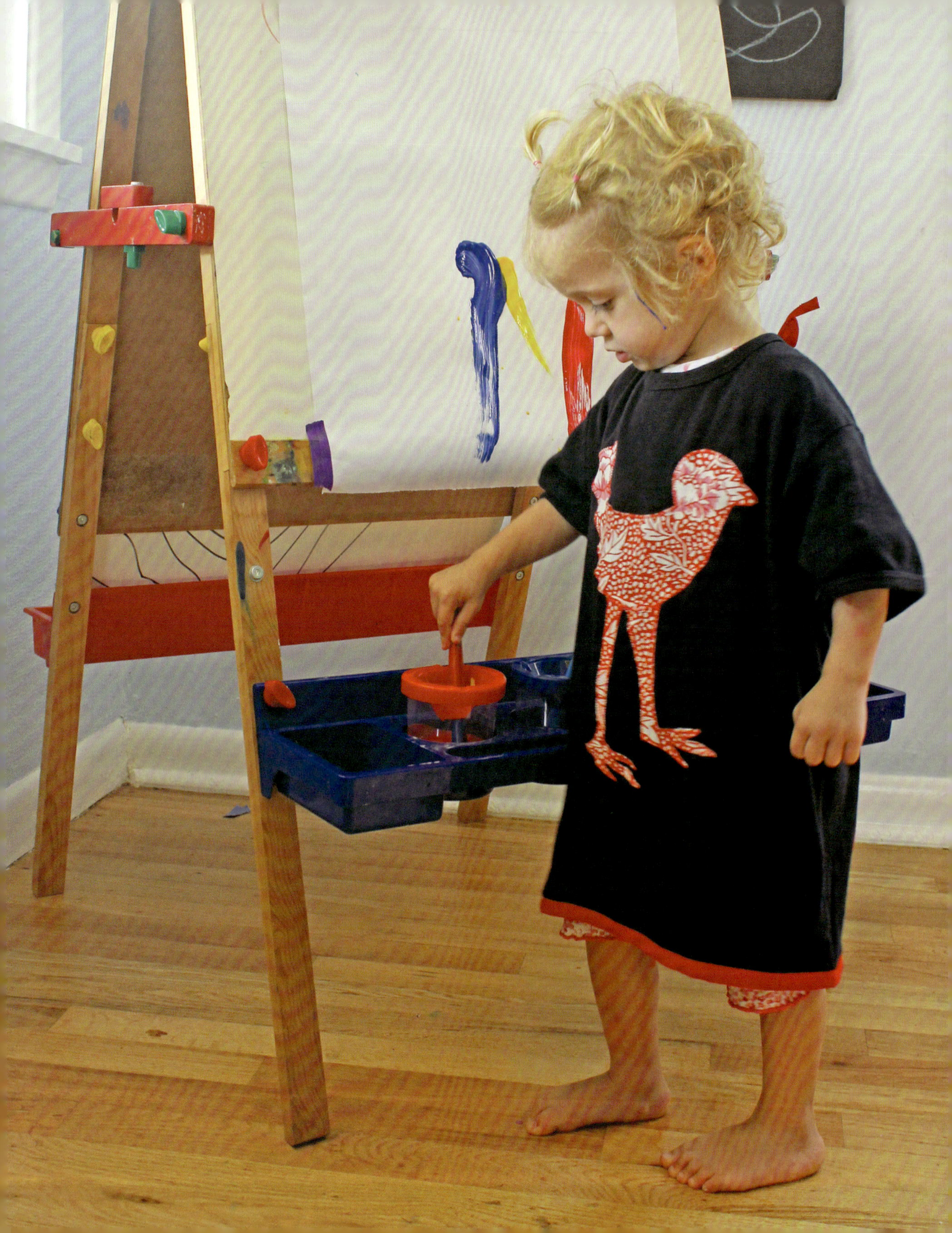

引言：拥抱艺术

培养孩子的创造力，我们能做的只是帮助他们攀登自己的高峰，越高越好。剩下的，就交给孩子们吧。

——洛里斯·马拉古兹（著名教育家）

　　艺术之于我有着特别重要的意义。还是孩童的时候，我就对艺术深深地着迷，后来上了大学，修的是艺术史和室内艺术，毕业之后，最初也是在艺术机构工作。艺术的种类非常多，我个人比较钟情视觉艺术。成为母亲之后，我希望自己对于艺术的热爱可以感染到孩子，我要一心一意营造一个充满欢乐和创造、艺术和美的家。之前我从未尝试过从父母或是老师的角度来看待艺术，因而迎接我的是亟待探索的全新领域。新手上路，我只能从相关的书籍以及与我有相同想法的父母那里借鉴经验。

　　女儿玛雅1岁的时候，我组织了一个儿童艺术小组，其实就是个孩子们一起玩耍的游戏组而已，只不过在玩耍中穿插些艺术游戏。每周，我们几个孩子年龄相仿的家庭都会聚到一起，让孩子们嬉戏玩乐，并在游戏中融入艺术元素。照我的想法，女儿在这样的团体中成长，她一定会觉得艺术是日常生活宝贵的一部分并且乐趣无穷，团体中其他家庭的孩子也会如此。直到玛雅上学之前，儿童艺术小组的活动一直断断续续地开展着。小女儿达芙妮满1岁时，我又组织了一个新的儿童艺术小组，照眼前的态势，这个小组应该也会持续几年。

虽说玛雅和达芙妮（现在一个6岁，一个2岁）的性情和发展阶段大相径庭，但只要给她们提供艺术创作素材，两人无论是独立完成还是共同创作，都表现得很好。正如所有的孩子一样，由于性情、人格、经历的差异，她们对待艺术的方式如此不同，哪怕只给她们一张白纸或一罐颜料，也能看出区别。玛雅浑身有用不完的劲，好动到一会儿也停不下来，画画时则出奇地专心和安静；达芙妮平时不急不慢，创作起来却格外活跃和兴奋。她们用不同的方式对待艺术，多有趣啊！

　　为了能和其他人分享我们家庭以及儿童艺术小组的经验，也为了监督自己坚持做一个"艺术力"父母，我建了个博客——"父母艺术力"（The Artful Parent）。最开始，我对育儿理念和育儿方法知之甚少，所以颇费了些力气。慢慢地，博客里的文章越写越多，哪些管用，哪些不可行，我自身也获得了成长。这个博客发展速度之快完全超乎我的想象，竟逐渐成为具有"艺术力"的父母和老师的互助空间，大家交流想法，探讨问题，互相打气。现在它已经成长为一个非常棒的社区，并且仍在发展壮大，通过这个博客，大家既收获了灵感，又给别人以启迪。

　　我们并不是煞费苦心地在家里精心设计各式各样的艺术活动，我们只是在家庭这个范围内重视艺术。比如，设置专门的艺术场所，提供各色艺术创作所需的原材料，父母参与孩子的艺术小组，并且经常全家总动员，一起玩游戏。艺术活动并非仅局限于画画或是雕塑，艺术渗透至生活的每个方面，烹饪、玩耍同样蕴含着艺术。

　　到我家扫一眼，你就不难发现，浓浓的艺术气息包裹着我们。女儿采来的百日菊，和我们从自家花园摘下的粉色、红色、紫红，还有橙色花朵插在花瓶里；花瓶边上紧挨着一张亮红色的桌子，这是孩子们用的，上面摆着素描本和马克笔；墙上挂着女儿的画，生气勃勃，洋溢着童真。我爱这一切，艺术的陪伴和艺术的熏陶，还有通过艺术和世界说声"你好"，它们无时无刻不在提醒我，义无反顾地拥抱艺术，我做对了！你也可以的！

艺术的养育

　　我给艺术活动下的定义是任何包含创造力、美和艺术的行为。为人父母，我们可以通过无数方法使家庭更具有艺术气息。绘画、涂色等传统的艺术创作方法人人都能想到，实际上还有许多其他种类的艺术活动：

> 尽情享受生活的点点滴滴，蓦然回首，你会发现生命的绚烂正在于体会微小的精彩。
> ——罗伯特·布勒（美国歌唱家）

- 试试科学小实验吧，它能够激发创造性思维。
- 在大自然中漫步。大自然的美令人惊叹，试试观察树叶的脉络和树皮上的花纹。
- 学做烘焙。把食材变成美味佳肴，既满足了食欲又锻炼了双手，还滋养了心灵。
- 开个泰迪熊午后茶会。过家家游戏为孩子的想象力添了对翅膀。

如果父母能采用合适的方法引导孩子，任何游戏都可以艺术化。

通过父母的行为、言语、态度和给孩子们安排的活动，艺术完全可以走进每个家庭。你可以给孩子辟出独立的艺术空间，准备艺术创作材料，引入新的理念和艺术活动。这样的改变可以是如和风细雨般不急不缓，也可以是如暴风骤雨般突然发生。无论何种方式，其益处都是深刻久远的。

艺术的生活，其利何在？

　　教育家告诉我们，艺术促进孩子掌握精细动作的技能，刺激神经的发展，提高解决问题的能力；艺术有效地帮助孩子学习一些重要的科目，譬如阅读、写作、数学和科学。心理治疗师告诉我们，艺术能帮助孩子更好地理解世界；艺术是孩子们化解恐惧情感的安全途径；艺术还为孩子提供了至关重要的感官输入。艺术家告诉我们，艺术本身就很重要——不仅因为它是美和情感表达的源泉，同时也在于创造它的过程。孩子告诉我们，艺术活动很好玩，他们都喜欢。家长告诉我们，家庭生活离不了艺术，艺术让人不再觉得生活乏味，让人幸福，帮助大家度过一天中难挨的时光。人们自然而然地把艺术和创造力联系起来，而后者被日益看重，因为它是当今时代，个人、组织甚至某种文化能否有所成就的关键因素。

　　真相是什么？真相是艺术的确很重要，看上去有点令人匪夷所思。然而，孩子们

一旦自己动手，参与艺术活动，他们确实可以把所有的学科学得更好。为什么？请看下文。

艺术激发创造力

　　创造力是一种能力，拥有它，你可以跳出固有的思维模式，令人意想不到地把两个孤立的想法联系到一起。重大问题的解决和突破性的进展都有赖于创造力。我们现在必须面对种族冲突、战争、全球变暖和物种灭绝等巨大挑战，创造力凸显出从未有过的重要性，孩子的成功取决于它，而人类未来的幸福，则取决于现在的儿童。无论是个人、组织还是政府机构每天都在找寻创新性的解决问题的方法。国际儿童艺术基金会这样说道，"研究表明，接受艺术熏陶的儿童拥有特殊的本领，他们的思维富于创造性，有自己的想法，勇于探索、发现、创新，能创造出智慧成果——而在21世纪，这些都是促进个人成功和社会繁荣不可或缺的因素。"我们的世界需要更多更好的富于创造性的思考者。

艺术促进神经连接的建立

  艺术能够调动我们所有的感官——视觉、听觉、触觉、嗅觉和味觉——具体调动哪些感官，则由不同的艺术活动所决定。当儿童在尝试、创造时，他们用手涂抹颜料，混色，混合创作材料，按照想象绘画或是根据真实生活绘画，大脑突触就会不断受到刺激。

艺术促进精细动作发展

  握紧画笔，画出点或线，混合颜色，学着用剪刀，学会拿好胶棒，挤胶水，揉面，擀面，撕纸——每一项任务都需要灵巧的双手和肢体的协调，孩子们乐此不疲，因为这些活动不仅有趣而且很有成就感。孩子参与的艺术活动日益增多，精细动作能力就会得到发展。

学写字得先会涂鸦

  婴儿和学步期的幼儿最开始是用笔来回乱画。画多了孩子便能更好地掌控笔的移动轨迹，在此基础上，孩子们渐渐地画出各种形状，接着才能发展出写字的技能。

艺术能让孩子更好地解决问题

  艺术是自由的、开放的，着眼于过程。艺术包含无限的可能，怎样选择，得出何种结论，如何评判某个决定，以及如何评估结果，并没有统一的标准或固定的答案。有了艺术，孩子能对生命的不确定性安之若素，成为灵活的思考者，而这正是拥有创造力和自信心的秘诀。他们对于艺术材料和艺术技巧的体验越是丰富，越有可能尝试新的组合，冒出新颖的想法。

艺术让孩子更好地了解自己和所处的世界

  儿童每天接收很多信息，他们需要可靠的方式来处理和思考信息。艺术让孩子发现、探索自己的情感，妥善处理日常生活中林林总总的大情小事。艺术材料是情感得以抒发和宣泄的安全途径，儿童根据自己的意愿处理创作材料，复杂的情感和想法得到了释放。画笔的移动呈现出变化万千的图像，绚丽多姿的色彩和线条，汇合想象力，都能让孩子多维度地抒发情感——而这是语言所望尘莫及的,艺术让他们更放松,更自在。

当我们鼓励孩子探索艺术时,实际是在鼓励他们掌控各式各样的工具和技法,掌控自己的身体,当然也是做自己的主人,让他们运用各种不同的方式表达自己。我们可以给孩子提供安全的空间,供他们尝试和探索。在这里,有孩子们需要的材料,他们可以提任何问题,享受创作艺术的过程。我们并非要培养艺术家,而是希望,无论人与人之间创造力的表现形式如何不同,每个孩子都能够自信又从容地看待自己的创造力。

艺术让孩子学会相处

艺术就如同均衡器,本来互不认识、兴趣迥异的孩子们会因为它走到一起。不同年龄、不同种族、不同能力,甚至不同语言的人完全可以参与同样的艺术活动,分享乐趣。

要想实现艺术的人生，开放的心态，简单的工具，一些事先的准备，探索中前进，每一点都不可或缺。每个人，每个家庭的节奏各有不同：或许有人读了这本书，在艺术道路上走走停停，试试这个，试试那个；也有人疾步前行，立刻就把书里的方法付诸实践，两种方法都未尝不可。

作者真诚地希望读者朋友们能了解本书的思路并和家人一起做些书中推荐的艺术活动，体会其中的乐趣。为了让孩子更富创造力，更自信，拥有更敏锐的双眸，让我们现在就开始吧。

我和艺术有个约定

亲爱的读者们，你们准备好了吗？拥抱艺术和创造，并尽我们所能，促进艺术力和创造力的生长。家庭成员先一起制定个轻松的家庭协议，人人都来遵守是个不错的主意。

材料

- 广告纸板或纸
- 绘画工具，马克笔、钢笔或蜡笔等
- 剪贴画材料（可选）

操作步骤

1. 将家庭协议写在纸（板）上，措辞风格可根据家庭成员的特点调整。每个字可用不同颜色的笔书写，或以图画形式呈现家庭的艺术目标，也可以用剪贴画装饰纸板边缘部分。每个家庭成员都应参与协议的制订过程。

   家庭协议可以这样写（例）：

我们家庭的每个成员都意识到艺术和创造的价值，在此，我们愿意让其成为我们生活重要的一部分。我们会尽己所能尊重其他成员的创造力，互相鼓励；在尝试不同艺术的过程中获得乐趣；无拘无束地表达自己的情感和想法；给生活增添一分色彩，一分艺术。

签名处 _____

2. 请所有家庭成员签署协议。学龄前儿童可以通过按手印或是涂鸦的方式签署。
3. 把协议张贴在显眼位置，让每个家庭成员每天都能看见。

> Reclaim what is absolutely extraordinary in daily life.
>
> —Patti Digh

第1部分 | 准备工作

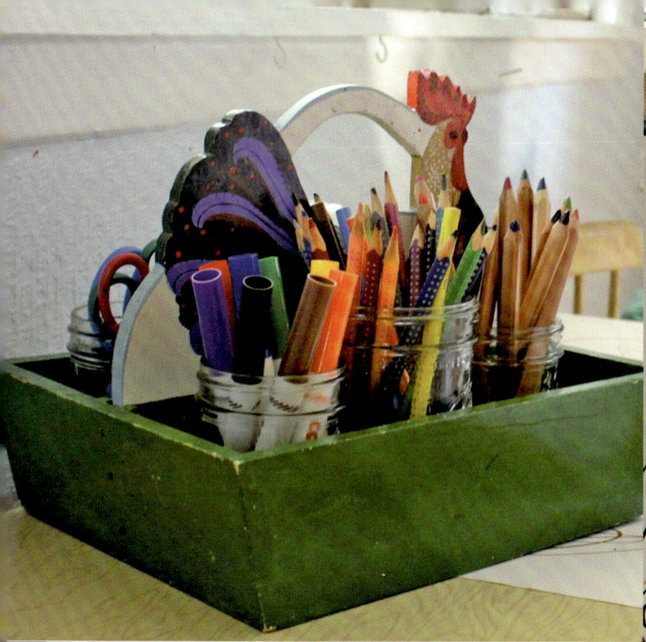
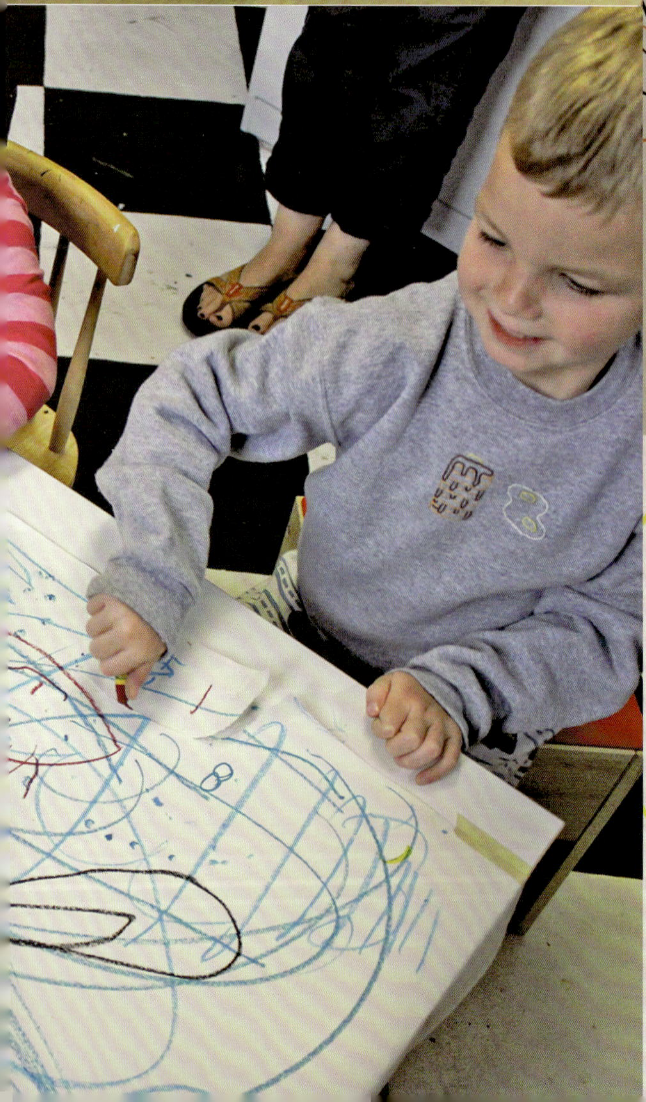
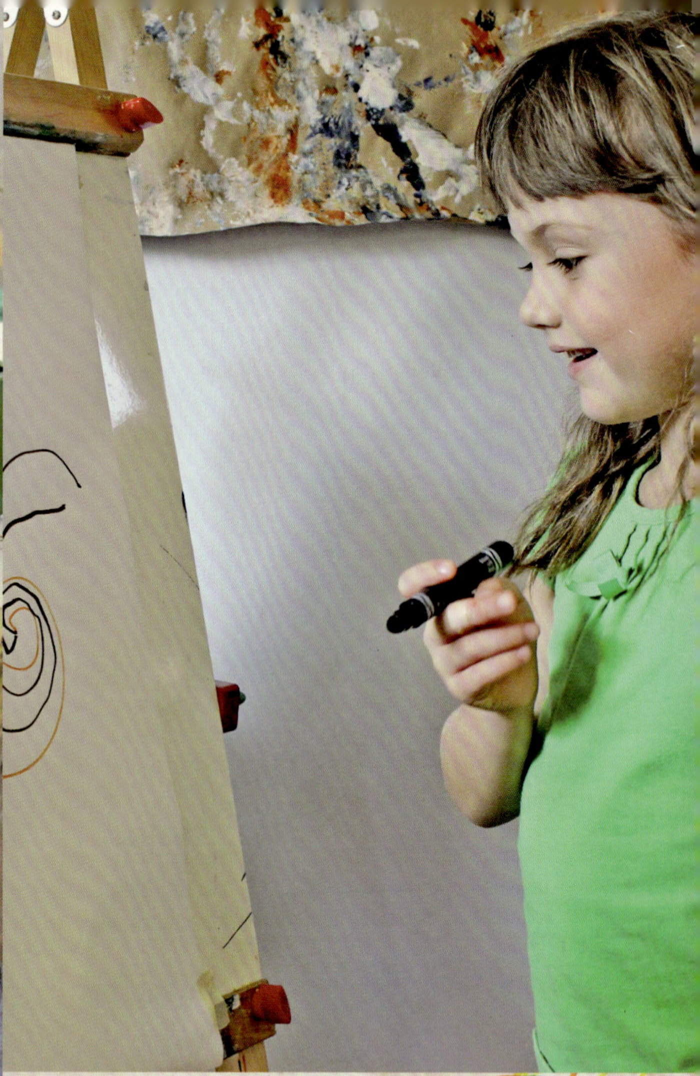
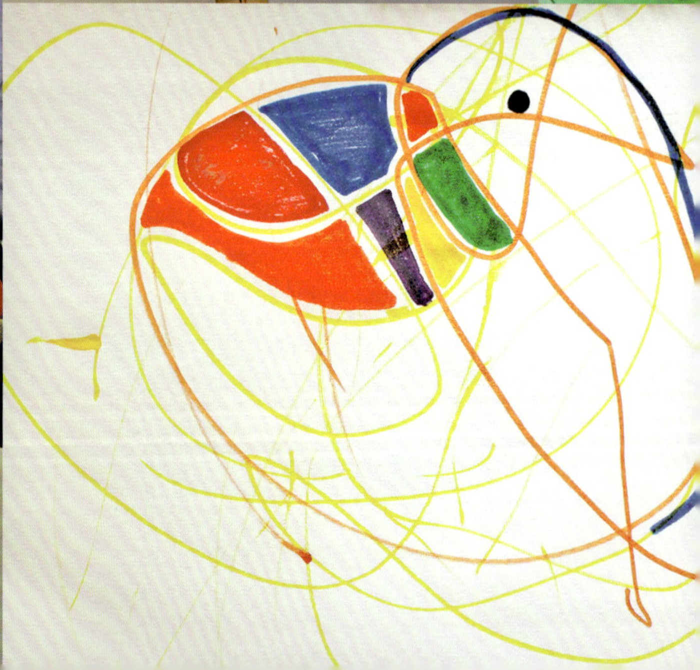

1 探索艺术

释放孩子的潜能，给他们一双翅膀，天空并非遥不可及。

——玛利亚·蒙特梭利（儿童教育家）

　　所有的孩子天生就有创造力。不同于成人有着偏见和自我怀疑的困扰，他们天生就带着许多问题并以开放的心态寻找答案：他们乐于尝试新事物，对世界抱有强烈的好奇心和探索欲；身体运动的韵律，情感的表达，乃至最不起眼的物件，比如一颗小石头或是树叶，都是他们艺术创造的灵感源泉。

　　孩子的创造力是纯粹而又自然的存在，并不需要太多内部或外部的引导。但随着年龄渐长，他们的艺术创作和创造力也会受到许多因素的影响，诸如儿童对于自然环境的认识，接触到的材质，成长和记忆，对于人生的态度，随着年龄而增长的兴趣、情感和想法，以及更好的运动能力，都会使艺术创作的过程更复杂，更具有目标性。

　　作为家长和老师，我们希望孩子可以健康地成长；希望以上因素产生的影响是正面的，积极的，能支持孩子在思考和艺术创作时更沉着从容。让创造力的星星之火呈现燎原之势，家长至关重要：我们鼓励孩子敞开胸怀，勇于探索；在不同的发展阶段给孩子合适的艺术材料，安排合适的艺术活动；肯定他们的创作，激发艺术精神。具体应该怎么做？读者朋友们会在下面几章读到。

什么是过程艺术？

自由地尝试并得到赞许和鼓励，儿童的创造力方可健康成长，这也是为何我笃信在孩子创作时，我们应允许儿童对于材料、艺术技巧进行开放性的探索，应该关注过程而非结果。艺术创作并无定式，更没有孰是孰非，正因如此它才能让孩子的思维更灵动，让孩子更具有冒险精神，也让孩子的自信心更强。儿童的自信会随着创造力和解决问题的能力不断增长而增强，他们也会从不断尝试、总结因果关系中所学甚多。如果我把这两种颜色混合起来，结果如何呢？如果我把盐撒到画上，看起来会有什么不同？我能不能做出一个和自己一样高的雕塑，它会不会倒掉呢？试试这样，如何？反复的实验和研究才能造就具有创造力的思想者。

> 创造是学习的过程，在此过程中，老师和学生心有灵犀，心意相通。
> ——亚瑟·库斯勒（作家，记者）

本书推荐的多数艺术活动都是以过程为导向：在学习处理材料、使用工具、掌握技法的同时，注重过程，注重培养孩子的创造力；我们的理念和教师演示加灌输的封闭型教学不同，因为后者降低了艺术创造的可能性和不确定性，抑制了儿童创造力的发展。

我带孩子们尝试过程艺术，通常从一种创作材料（例如水粉）或是一种技法（例如剪纸）开始。起初会出现许多难以预料和控制的可变因素：创作材料、工具、工作台，当然少不了的是孩子们。以我的大女儿为例，她的经历、期望值，以及兴趣、想法、创作的技能水平乃至她当时的心情都会影响到创作过程。她会用上她能找到的任何材料，至于整个过程具体是如何进行的，最后她做出来的东西是什么，都是未知的。过程艺术本该如此！我从不会丢给她两个纸盘，三个棉花球，几只鼓鼓的眼睛，然后告诉她应该这样做而不是那样做。我们应该给孩子一些原材料（例如胶带、颜料和帆布），些许鼓励，有时候再来个开场白（"你想贴些彩色胶带到帆布上吗？"或"你是要宽点的还是窄点的胶带？"），剩下来的就交给孩子吧，你静静看着就好。

儿童都是小小"艺术家"，父母们应该为他们提供更多体验艺术的机会——准备

好材料和独立的艺术空间。当孩子需要你的时候，做个循循善诱的引导者，不需要时，做个置身事外的欣赏者。看到孩子的作品，你应该说，"哇！你的画是经过设计的吗？看，有锯齿形曲线还有好多圆圈啊""跟我讲讲你的画吧"，或者问一些假设句（"我想，要是你在蜡笔画上再涂一层颜料会怎样"或"试试看把这些纽扣粘到木头上吧"）。接着，你该满心自豪地把孩子的画挂到墙上，或者和孩子一起把作品包装好，当作礼物送给奶奶或老师。

孩子的工作就是创造。给他们适宜的材料和工具，迎接你的将是怎样的惊喜？

> 放弃所谓的对错，创造力才能自由喷发。
> ——安吉尔斯·艾林恩（美国著名人类学家）

他们把弹珠涂满颜料，放在纸上滚；他们的画既可以称作画，也可看作是涂鸦；高兴的时候他们会跟你说说那些奇形怪状是什么意思，或者干脆什么也不是；他们想试试

黄色、红色和绿色混起来是什么颜色；他们满手沾满了颜料，享受颜料在指缝中如泥鳅般的滑腻感，而有的孩子压根就不愿意碰颜料；他们画出的图案有大有小。无论是单一的方法还是每次游戏方式都不尽相同，都应让孩子应尽可能地探索艺术材料、工具和自己的身体。他们在探索的道路上，不仅仅收获了欢乐，也收获了创造力的成长。

因材施教

过程艺术适合各个发展阶段的儿童，尤其适合幼童。了解孩子的发展阶段，才能更好地为他们设计适宜的艺术活动。

家长应明白，所有的孩子都是独一无二的个体，即使是处于同一个发展阶段的两个孩子，参与艺术活动的方式也会不一样，或者干脆喜好不同的活动。

玛雅是无拘无束型的，整洁啊拘谨啊跟她完全不沾边，她不太喜欢受限制的创作

活动。虽说也能做到精细小巧，可要让她选的话，她肯定恨不得跳到颜料里挥毫泼墨，大胆张扬。玛雅天性如此，平时生活中就能看得出。玛雅的好朋友玛丽斯跟她同年，画画的时候则是小心翼翼的，作品干净、整洁。玛丽斯很喜欢艺术，和玛雅一起参加了我筹建的儿童艺术小组，她俩的喜好和性情显然差异较大。

有的儿童喜欢画具体的场景，而有些即使掌握了绘画实物的技巧，却更爱画抽象的图形。有的儿童在掌握了一样新技能之后，比如学会写作之后会暂时对绘画失去兴趣；有的儿童则是两者并行，譬如自己写了个故事，再自己创作插画。

很多儿童会在某个时期对某种材料、某种工具或某种活动异乎寻常地热爱，这时候你可以激励他保持这份热情，同时给予孩子其他的选择。还有的儿童不喜欢混乱的场面，或不喜欢颜料的质感，用画笔画画时，手上要是沾了颜料，他们立刻要去洗干净。以上种种情况可能是孩子经历的一个阶段，当然也可能持续整个童年（只有极少数情况是感觉加工障碍）。

父母最了解自己的孩子，对他们的喜好和能力水平也有些认识。如果你是新手上路，那就和孩子一起探索吧——更深层次地了解他们的偏好，现在开始也不晚。就算孩子是个不受拘束的豪爽派，也大可以尝试点不同的——比如给他张小卡片，再来只细头笔。在院子里将颜料泼在纸上画画，孩子会开心至极，可从精细的绘画中他也能找到乐趣。孩子的喜好会改变，他们需要足够的机会，不停地尝试。

年龄段和艺术

随着儿童的成长，其简笔画、颜料绘画和雕塑能力也经历一系列的发展阶段。每个儿童都是独特的，但我们依然可以总结出某个年龄阶段的共性和大体的规律，比如通常2岁的儿童开始涂鸦，3岁的则可以用儿童剪刀剪纸。例外总会有，但只是少数现象，譬如有些儿童3岁前就会画具体的东西，有的可能五六岁还在抽象创作。不同年龄段的孩子可以一起进行相同的艺术活动，但我们更建议给他们安排符合其身心发展规律的艺术活动，6岁的孩子和2岁的可以做不同的事情，这并不是否定他们一起自由创作的乐趣（例如自由绘画、剪贴画等），只是同样的活动，稍事改变，就能满足各自的需求和发展规律，何乐而不为呢？相信你看了下一部分的内容，会更好地认识儿童的阶段性发展规律。

1-2岁的儿童

你可以这样开始孩子的艺术生涯：在他差不多10个月快1岁的时候，将他放到宝宝椅中，然后给他支蜡笔和一张纸。这个年龄的孩子会把蜡笔放到嘴里，家长务必要留心。这是正常现象，因为婴儿和学步期的孩童是通过嘴巴认识世界的，但应确保孩子不会误食蜡笔或被卡住。孩子要把笔放在嘴里时候，家长应把他的手轻轻挪回纸面，并不断重复，"在纸上画。蜡笔是用来画画的哟。"说话时语气不能带任何情绪，要不然，小家伙就会不断尝试把笔放进嘴里，只为看见你可笑的反应。

1岁的儿童可以学习用蜡笔、马克笔、彩色铅笔和粉笔画画，也可以尝试液体水粉画、手指画和蛋彩画，手和画笔都很适合这个年龄段的孩子。他们还喜欢彩泥，尽管

1 探索艺术

开始只会这里戳戳，那里挤挤而已。快到 2 岁的时候，他们会喜欢上贴纸和胶带。2 岁孩子的小手已相当灵活，如果有大人示范剪刀的用法，他们能依葫芦画瓢，将纸剪出条缝来（家长需仔细看护）。画画时他们会调动肢体的各个部分，所以应选择无毒、可洗的颜料，小家伙很可能把抓到的材料都尝个遍，或者弄得浑身都是（皮肤是最重要的感觉来源）。让孩子坐在儿童座椅里或高脚椅上就不会搞得一团糟，然而孩子保持站立姿势时才能更好地体验艺术。家长可以找个矮点的桌子，放上创作材料，或准备个小画架，或索性在墙上、冰箱上贴上大画纸供他们创作。这个年龄段的孩子创作热情饱满，然而注意力持续时间很短——通常是 5-15 分钟的样子。1-2 岁儿童的艺术创作以涂鸦和抽象表达为主，最应注重过程。

3 岁的儿童

3 岁儿童能更好地控制身体，精细动作也更好。他们继续涂鸦和画抽象画，但也开

始画实物画，先会画封闭的圈，慢慢地能画曼陀罗形状（圆圈，有向外或向内发散的直线）、脸、人物和太阳。

　　这个年龄段的孩子注意力持续时间延长，从 10 分钟到半小时不等。他们逐渐形成"规矩"意识，知道不能在墙上画画，也能帮着一起收拾东西。

　　在前一个发展阶段的基础上，3 岁儿童能够更熟练地使用剪刀（2 岁即可尝试），知道怎样用胶水将纸张黏合（以前只会挤胶水，不知道怎么用）。他们能把彩泥揉成球形，还会搓出小蛇形状。他们的理解力提高了，也更有耐心，能够在大人的指导下，慢慢完成多步骤的任务，有的孩子还会给自己的画起个名字，编个小故事。

4 岁的儿童

　　这个年龄段的儿童能真正意义上地掌控身体，具有一定的情绪控制能力。他们变得更主动、更积极，会把以前学到的技巧融合到新的活动中，进行更复杂的创作。4 岁

儿童开始写字母和单词，绘画趋于写实，更注重细节；能用彩泥和橡皮泥捏出形似的雕塑；使用的工具种类也更加丰富，订书机、胶带、打孔机都会使用。

他们会告诉你他画了什么，或者拿着作品给你讲个故事。他们会用符号代替实物，有时甚至会频繁使用，这也是他们迈出现实主义的第一步。

5-7 岁的儿童

5-7 岁的儿童画具体的东西（比如心形、花朵、树木、人物）时，有其特有的方式，并固执地重复这种作画方式。他们通常先画一条基准线代表大地，地面上长了些草儿，其他图形水平排成一行；画的最上面也有道线，代表天空，天空中还总是挂了个太阳。

儿童进入学校之后，社会空间随之扩大，他们接触其他孩子、不同的绘画和艺术风格。一方面这有助于拓展儿童的艺术思路，另一方面，孩子也可能会受同伴影响，大家画什么他就画什么。同龄人和性别偏好的影响日益凸显。其他的男孩子都画汽车

和超人，你的儿子也跟着一天到晚画这些；同理，别的女孩都画爱心啊、花啊、彩虹啊，你的女儿也会模仿。

这个年龄段的儿童也会通过学校教育、兴趣班和日间夏令营，可以向专业老师学习具体的艺术技能，譬如陶艺、木工手艺等。

8岁及更大的儿童

随着年龄增长，儿童拥有更强的自我意识、兴趣和偏好。小时候他们愿意什么都试试看，现在则热衷于某种特定的创作和方法。儿童的喜好也许会改变，但是对于当下感兴趣的东西却能做到专心致志，全身心投入，比如画卡通画、素描马匹、做串珠

13　1 探索艺术

首饰或制作机器人。

  经过长时间不懈的艺术探索，孩子的改变是有目共睹的：更自如地掌控身体，掌控艺术材料，善于发现自己的兴趣，乐于试验新的想法。父母有幸见证孩子人生中的许多第一次：第一次画自己的面孔，第一次拿着画给你讲个故事，第一次独立自主完成步骤繁杂的雕像，那样的激动和兴奋是无与伦比的！因为有"艺术力"的你，才有"艺术力"的他！让我们一起享受这个过程吧：一个富于创造力的小生命，一点一滴，一步一步地向我们呈现艺术之美！

培养孩子成长型思维，
让孩子获得终身学习的能力！

扫码免费听《成长型思维训练》，
20分钟获得该书精华内容。

什么是过程艺术？为何过程艺术富于创造性？

玛丽安·F.科尔

你或许听说过这么句话，"重在过程，不在结果。"用这句话形容孩子们探索艺术并乐在其中的过程再合适不过了。过程艺术的价值在于尝试和发现，而并非一定要获得某种确定的结果。人们可能更关注后者，并认为艺术创造的结果对孩子来说是必要和有益的，然而艺术探索最大的裨益却是孩子在动手过程中不断的试验和学习。大人们总是过分地关注结果，可孩子们呢？他们一旦确信自己有能力进行独立探索和发现，就不再会纠结于自己做出来的东西怎么样；他们更关心的是不同的艺术材料的特性。比如说，一个孩子仔细地把赤、橙、黄、绿、青、蓝、紫七种颜色混在一起，最后弄出来的是一片晦暗的棕色。这样的画作看起来可不怎么样，但是整个过程却很有趣也很难忘，给孩子的思维和决策提供了广阔的空间。混色过程中孩子一直在观察和思考，这是什么都无法取代的。他会领悟到，"犯错误"是人生不可避免的，而所谓"犯错误"，不正是一个很好的学习机会吗，更何况在"犯错误"的同时，也伴随着发现的喜悦和激动。

如同让孩子用蜡笔在白纸上画画，或是往空纸盘上贴棉花球一样，让孩子体验过程艺术并不难。听起来很简单，但很多人不知道，最基本的却是最为重要的。孩子自由选择艺术材料，他们就会充满生机和力量，也让他们睁大双眼观察自己所处的世界。

孩子在创造的道路上会愈发自信，他们逐渐能够把自己的作品看作整个过程的一部分。当然了，他们也会指着自己辛勤劳动的果实兴奋地说，"瞧，这是我做的""妈妈，这是送给你的""这幅画是画给奶奶的"，或者，"这个挂墙上怎么样！"这时候我们应该分享他们的快乐。作品是过程产出的成果，独一无二，是孩子费心设计并努力创作出来的。这与让孩子跟着指令，一步步地做出所谓的"完美作品"迥然不同。

家长只有尊重孩子的想法，才能够帮助孩子培养独立思考和解决问题的能力。孩子犯了错，不羞不怯，不愧不怍，方能勇于探索，勇于创造，勇于发明，找到新的方法。艺术给家庭的另一个馈赠就是，让父母在抚育孩子的过程中得到更多的乐趣和回报，同时赋予孩子终身热爱想象和热爱学习的兴趣。

怎样鼓励孩子进行过程艺术创作？

- 允许孩子尝试各种艺术原材料。开放性艺术活动应占主导地位，具有计划性、按步骤进行的封闭式艺术活动为辅。
- 辟出独立的艺术空间，让孩子自由选择艺术原材料。选低一点的架子，摆放蜡笔、胶水、订书机、胶带、剪刀、彩纸、拼贴画材料等，确保孩子够得着。虽说大一些的孩子能自主使用的材料种类更多，但小孩子也可以独立进行创作。
- 也可以摆放些颜料、画笔和彩泥，丰富孩子的选择。
- 剪贴画的创作是探索发现的过程。把制作剪贴画需要的零碎保存在塑料桶或鞋盒里。准备好胶水、胶带、订书机、贴花、卡纸或重磅纸，孩子会利用现成的材料，设计组合。适当地做些改变，比如将纽扣换成小珠珠，纸换成卡纸，对于孩子来说将是全新的体验。
- 展示孩子愿意展示的作品，以此显示家长对孩子创造力的赞叹和欣赏。孩子的多数作品仅仅是尝试，他们也并不在意最终能有个什么成果。父母应认同孩子对于自己作品的看法——他们喜爱并想保存下来的，父母也应珍惜；他们不满意的，父母也无须大力夸奖。

2 细致规划

设计，离不开节奏；生活，离不了律动；高低起伏，抑扬顿挫，乃设计与生活共同之处。

——菲利普·罗森（英国作家和艺术评论家）

对艺术创作有了些许了解，计划艺术活动似乎就没那么困难了，不过实战演练起来，你还是会有些不知所措，究竟怎样能在生活中引入艺术呢？从哪里入手好呢？这一章将大略地介绍艺术活动的设计过程，诸如怎样找到符合家庭特色的艺术切入点，怎样选择并安排适合孩子喜爱的艺术活动。

给艺术留些时间

你是否想和孩子做更富有创造性的事情却苦于没有空闲时间？成年人的确都很忙碌，但只要稍作计划，我们就可以在日常生活融入艺术。

想象这样的场景：一位名叫玛丽的母亲，如往常一样，急急忙忙把孩子们叫醒，让他们穿好衣服，吃完早饭，紧接着出门送6岁的大儿子杰克去幼儿园。送完孩子回来，玛丽已经很是疲惫，只想窝在沙发里喝杯咖啡，吃点点心。可是在匆匆忙忙中2岁的艾米一早上都被忽略了，此时她非常想和妈妈一起玩耍，渴望母亲的关注。玛丽有些心不在焉，用电脑给艾米放PBS（美国公共广播公司）的儿童节目，然后将早餐盘子洗好，厨房打扫干净。忙完后，玛丽带着艾米出去办事，去杂货店买东西，接着去图书馆度过母女俩的故事时间。回到家，把买来的东西摆放好，玛丽还得赶在艾米午睡之前忙活出一顿简单的午餐。直到女儿睡着了，玛丽才可以稍稍放松一下，看一下邮箱，浏览一下 Facebook，收拾收拾房间，还得盘算着晚饭吃什么。

很快，艾米就醒了，杰克也放学回家了。孩子们在屋子里跑啊，闹啊，叫啊，家里一团糟。玛丽一边烧晚饭，一边算着时间，巴望丈夫能快点回来。晚饭过后，就是每天固定的那一套，洗漱，故事时间之类。上帝保佑！孩子们总算睡觉了。玛丽想了想，意识到今天的日常生活中又没有艺术活动。腾出点时间真是太难了。

这些场景很眼熟吧？实际上我自己的生活很多时候也是这样的。如果没有预先计划些艺术活动，那么生活中就没有艺术。相反，稍微准备一下，简单随意，也能让艺术完美地融入忙碌的生活。下面你将看到的场景，和上面唯一的区别就是多了计划和准备。

玛丽正常时间起床，喝咖啡，顺便扫了一眼前天晚上草草写下的任务清单。除了要去杂货店和图书馆，清单上还列着：

- 早饭后和艾米共同绘画
- 杰克放学回家，给他准备颜料
- 不要忘记捏彩泥
- 装饰贴纸

把杰克送到学校，照常忙乱过后，玛丽给艾米准备好纸和马克笔，然后挨着女儿坐下，喝咖啡，吃片吐司。艾米兴奋地画了一张又一张。玛丽也在自己的纸上随意涂鸦，同时喝着咖啡，还和女儿聊天。整个过程不过 15 分钟，可对于这对母女来说已经足矣，忙碌与忽视过后，她们重新建立起情感的联结，而玛丽也可以稍微缓口气。

然后玛丽让坐在宝宝椅里的艾米玩彩泥，她自己去厨房洗刷打扫。

玛丽带着艾米出门时，妈妈已稍事休息，女儿也玩耍了片刻，这会母女俩的心情都不错。在图书馆，玛丽选了本有关艺术活动的书，经过杂货店时又买了些透明的遮

19　2 细致规划

窗纸（她想和孩子一起做集光饰品[①]）。

　　午饭后是艾米的午睡时间，此时玛丽利用空档查了下邮件，收拾房间。这一次，整理好玩具之后，玛丽在餐桌上为孩子们摆放好艺术活动需要的材料，等杰克一回家就可以开玩。她摊开纸，把颜料倒进小碗里，放好棉签——今天要做的是点彩画（详见 156 页）。

　　孩子们看见餐桌上的材料，激动万分，等不及跑了过来。他们各有各的创作手法。艾米先是在纸上戳出好多点来，接着把棉签当作画笔，涂了起来。杰克则画了一条龙，然后用点点组成"龙"这个单词，并用不同颜色画出各种花纹。10 分钟过去了，艾米离开餐桌，坐到宝宝椅里，继续玩她的彩泥，假装烧饭给妈妈和哥哥吃。杰克画了足有 1 个小时，等到爸爸下班回来，还骄傲地向爸爸展示了自己的作品。

　　之后杰克和妹妹换了个房间玩耍，玛丽收拾好餐桌，准备好晚餐（孩子们画画的时候，她已经在准备了）。

　　晚上，孩子们进入了梦乡，回想这一天，玛丽觉得美好又顺心。生活中糅合进艺术，日子没那么嘈杂、混乱，也更轻松，并且每个人都觉得更幸福。她翻了翻从图书馆借来的那本关于艺术的书，把想要在家里玩的艺术游戏记下来。土豆家里有现成的，明天就可以让孩子们用土豆印画玩。

　　仅仅多了些计划，玛丽就能把创造性的活动穿插到日常生活起居之中。一整天的流程并没有巨大的改变，可大家的感受却如此不同。

　　这一切并不难。也许计划并不是那么严密周全，只是有个大体的轮廓，也没有经过精心组织，但适合你的家庭就好。现代社会的家庭形式纷繁多样，家庭之间的差异很大：有的是单亲父母；有的父母都在外工作；有的是 SOHO 一族；有的父母在家教育孩子；有的家庭只有一个孩子，有的是五个；还有些孩子有特别的需求。适当地做些计划和准备，引导艺术走进你的家庭吧。

　　[①]　集光饰品通常是指用能反射光的玻璃或珍珠制作，悬挂在窗玻璃上的装饰品。
　　——译者注

生活融入艺术，如何切入？

决定了让艺术成为你生活的一部分吗？那么你一定想知道在生活中引入艺术的最佳时机吧。下面是作者的若干建议。

见缝插针

一天中有没有空闲时间能穿插艺术活动？刚开始的话，5-15分钟就已足够。孩子放学回到家，或是餐后时间都可以。过渡的节点，例如两个不同的活动之间的片刻（午饭和午休之间），或在两个不同地点之间切换的时间（从学校到家）都是添加艺术活动的好时机。艺术的时光让切换变得更顺利，也恰好填补了时间的空当。

列入日程计划表

你和家人可以在早餐后一起画画，周末举行一次艺术节，或者时不时地组织艺术游戏活动，总之，艺术的时光可以成为你生活的常态。只要日程表里包含了艺术，你总能找到办法去实现，并且家庭的其他成员也会跟着期待万分，一起帮着出谋划策。

别让孩子闲着

当你不得不忙于家务，或者在家还得工作，那么就该给孩子安排些不那么复杂又能自己玩的艺术活动，比如说捏彩泥、画画、贴纸、剪贴画或者做雕塑（由于你无法时时照看，提供的原材料应符合孩子的年龄特点，确保安全）。

给孩子自主权

即使事先没有计划也另有对策。给孩子设置专门的艺术空间（详见下一章），放些最基本的原材料，等同于给孩子提供了足够的机会接触艺术，他想玩的时候就会过去玩。

顺其自然

即使你并没有提前计划好某项艺术活动也能享受艺术的愉悦。大人小孩，无论是谁冒出什么好点子，想做就做，即兴的艺术活动会带来更难忘的艺术体验。

选择适合的艺术活动

找到了艺术在生活中的切入点,下一步要做的就是选择适合自己家庭的艺术活动和艺术项目。本书后面的艺术活动资源部分给读者提供了非常详细的列表。若干重点作者在此先予分享。

书本

书籍为我们提供了大量有借鉴意义的艺术活动,本书亦是如此。还有些书,比如玛丽安·F. 科尔(MaryAnn F. Kohl)的《涂鸦艺术》(*Scribble Art*)、《第一堂艺术课》(*First Art*)、《学前艺术》(*Preschool Art*);苏珊·斯特克(Susan Striker)的《幼儿学艺术》(*Young at Art*)等,都很值得推荐。可以自己到书店里翻翻看,也可以请图书管理员帮忙找到心仪的书籍。

期刊

《家庭游戏》(Family Fun)这本杂志里有很多可以和孩子一起玩的游戏点子,以手工为主,其他类别为辅。还有许多育儿杂志里面的想法也不错。也可以浏览电子版的期刊,比如《行动宝盒》(Action Pack)就为家长朋友支招,里面有许多创意游戏,孩子自己玩耍或和父母一起皆可。

博客

网络上非常棒的游戏太多了。通过浏览网页和博客,我获得了很多灵感和新颖的思路,恨不得立刻就和女儿们一起尝试起来。此类博客数不胜数,我简单列几个:The Crafty Crow, Inner Child Fun, Childhood 101, 还有 Tinkerlab。只需点开一个,推荐菜单就能帮你找到其他同类博客。

网站

迪士尼旗下的 www.familyfun.com 网站上的游戏非常适合儿童。www.pinterest.com 是一个书签网站,简直就是艺术资源的宝库,大家可以分享图片、不同的想法,推荐自己喜欢的网络链接。

艺术创作材料

材料本身就是艺术灵感的源头。有时候想着怎样去利用一种材料，用过的也好，家里现成的也好，真是令我绞尽脑汁，还好最后总会产生新的想法、新的视角、新的组合方式。虽然还做不到每次游戏都能进行得尽如人意，但转念一想，试验的过程也颇有乐趣啊。

收集材料

对于艺术活动有了初步设想，下面就得抽出时间收集活动所需要的材料。可以全家总动员，在家里寻找现成的材料，没有的就列到购物清单中，方便购买。

活动实施

万事俱备，艺术活动时间开始啦！饭后闲暇时间，迅速地从抽屉里找出彩泥和工具，供孩子们恣意玩耍；孩子放学回到家，迎接他们的是父母精心设计的画画"狂欢节"。

"点缀法"（Strewing）是非常棒的艺术活动设计方法。你听说过这个术语吗？——不用大张旗鼓，只需在家里孩子经常玩耍的地方，随意摆放一些书籍、艺术材料、乐器等，孩子会很乐意在不同的场所用这些艺术材料进行创作。因此，"点缀法"不失为激发孩子创造力的好方法（注意使用"点缀法"时，需保持周围环境的整洁）。

即使孩子们对你所摆放的材料视而不见，也要坚信总会有机会和时间触动他们，让他们乐意尝试新东西。具体如何入手呢？下面给大家一些建议：

- 在手工桌上摆放画纸、蜡笔或颜料。
- 在餐桌上放置彩泥和厨房用品（例如擀面杖、土豆捣泥器或压蒜器）。
- 准备一张"画画挑战纸"（详见226页），放在咖啡桌上，并摆些马克笔。
- 在窗台旁放置玻璃专用蜡笔或马克笔。
- 在手工桌上放张标签纸和马克笔。

- 在手工桌上放些水彩画纸（长宽2英寸[1]）、画刷、颜料和1杯水。
- 将干豆子、大米和意大利面分类放到饼干盒子中；边上摆放胶水和卡纸。
- 在门廊处放个篮子，里面有素描本和彩色铅笔。
- 在起居室的地板上固定一张大的屠夫纸[2]，纸中间摆一些蜡笔。

点缀工作完毕，现在期待成果吧。或许孩子会不由自主地被这些东西所吸引，就算他们视而不见，家长也无须多言。你需要多一些等待，孩子需要的是多一些时间。

---

[1] 1英寸约等于2.54厘米。——译者注
[2] 牛皮纸的一种，厚而不透水。最早屠夫用来包肉用，故名。——译者注

要是他们过来打听些什么,你可以这么回答,"屋子后面的走廊那儿有些纸和彩色铅笔",或"咖啡桌上有我给你准备的东西呢"。放轻松,如果孩子没兴趣,就没有必要强迫他们。

我是如何计划我的艺术活动的

　　有时候我会计划得很周全,有时候则心血来潮,说做就做,当然更多时候是两者兼有。计划时投入太多热情,这样那样的想法很多,可又不愿受时间表的拘束,怎么办?最终我的解决方案是把灵感放在第一位,然后适度安排,而并非严苛地执行一个滴水不漏的周密方案。

　　我会放一堆书在身边,舒舒服服地坐下来,快速浏览,边看边列清单,有哪些活动是想和女儿一起做的，有哪些是可以和儿童艺术小组的孩子们一起进行的。从网络上的博客、Pinterest[①]（www.pinterest.com）等网站也能找到海量超级棒的点子。

列出来的单子真长啊！基本上读到的每个活动我都想试试看。这时就得回头再看一遍单子，边看边打五角星。五角星的标准是什么？（1）我真的很想尝试的，（2）我的女儿会特别喜欢的，并且和她的艺术发展阶段相一致的，（3）用到的材料现成就有。最后筛选出的活动至少要符合以上三条标准中的两条。

然后我把单子固定在冰箱上，确保每天都能看见。首先，它能给我灵感，其次，它时刻提醒我下面该做什么。如果今天下午就要进行活动，那马上就得准备材料了。有时候我会提前计划好下一周的所有活动。例如：

- 周一：自己动手做贺卡
- 周二：用纸巾做集光饰品
- 周三：用盐作画
- 周四：剪贴画
- 周五：写生
- 周六：给泰迪熊做胡须
- 周日：剃须膏刮画（详见200页）

这张单子是好的开始，成功的一半。或许最终我们只玩了七种游戏中的四种，但是清单的好处不言自明，它帮助我们更好地组织艺术活动，总比没有清单只完成一样或两样要好得多。

我的格言是："不要让过多的计划阻挡孩子艺术的脚步。"仔细规划和顺其自然，孰是孰非，究竟哪个更重要呢？我认为在某些状况下，家长应该放手，顺其自然。儿童

[①] Pinterest是全球最大的图片社交分享网站。Pinterest采用的是瀑布流的形式展现图片内容，无须用户翻页，新的图片会不断自动加载在页面底端，让用户不断发现新的图片。Pinterest已进入全球最热门社交网站前10名。——译者注

有自己艺术的选择。即便游戏开展得不尽如人意，与所期待的相去甚远，我们还是能够从这样的经历中学到东西，并且坚信下一次会更好。每一次的失败都是成长的经历，换言之，我们不会止于失败，可以和孩子一起说说从中吸取的教训。

的确，每个人的想法不尽相同，我真挚地希望这一章中所提到的方法至少有那么一两种可以引起你的共鸣。

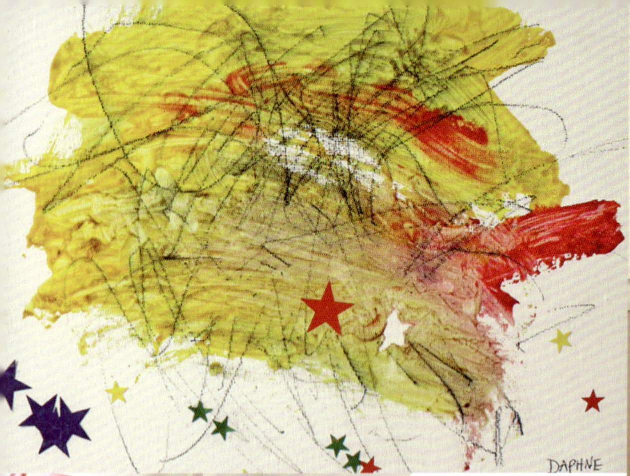
DAPHNE
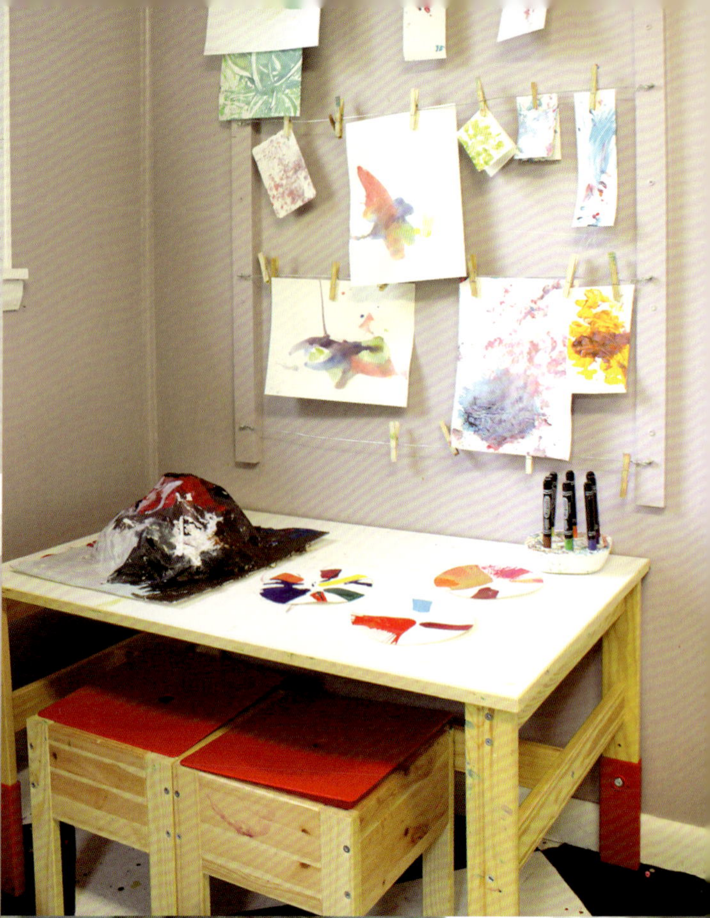
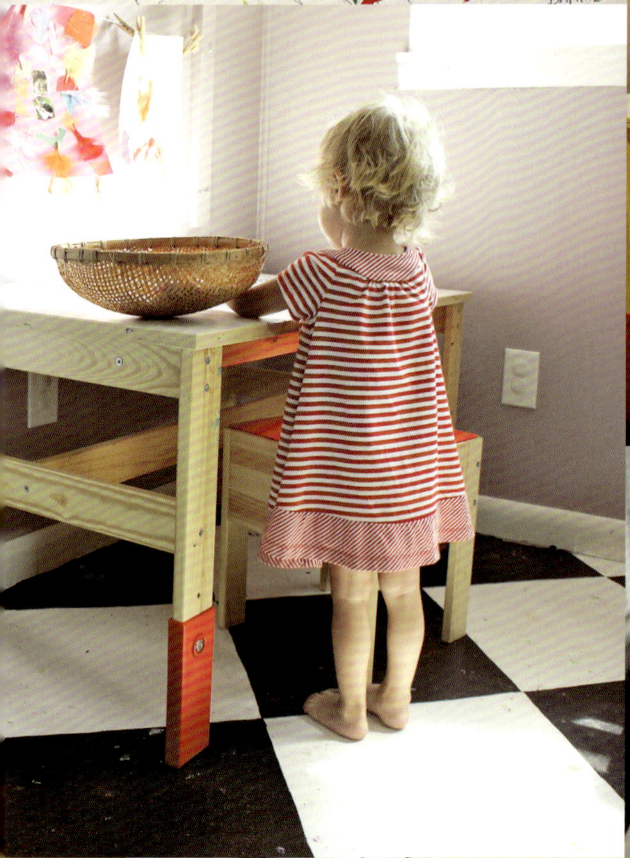
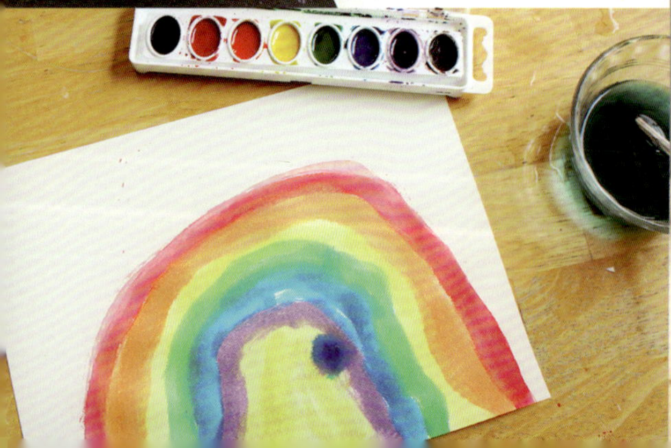
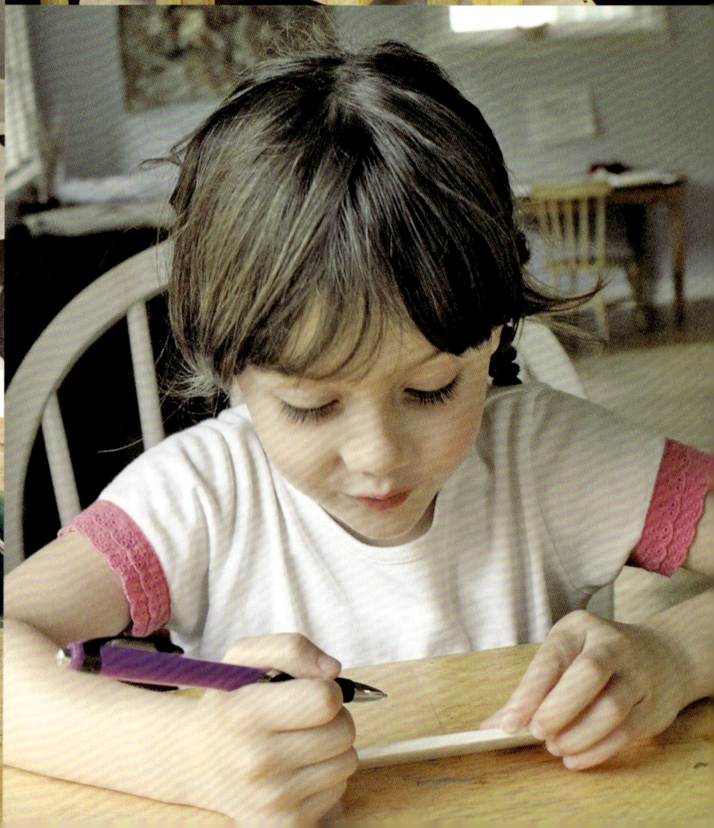

3 设置艺术空间

众生平等，无论贵贱。

——大象霍顿（美国最受欢迎的儿童文学作家苏斯博士塑造的卡通形象）

注重儿童艺术能力和创造力的培养，孩子们收获的远不止于此。父母在引导孩子参与艺术活动的过程中，给予他们的还有关爱。大人孩子共度宝贵的艺术时光，一起使用新的材料，尝试新的方法，由始至终都能享受家庭的乐趣。除此之外，儿童还能体会到拥有独立空间和自由的愉悦感受。家长给孩子辟出专门的艺术空间，放置一些艺术材料，孩子们就可以天马行空，自在探索。

要想让儿童自主的艺术模式成为惯常生活的一部分，辟出独立的艺术空间至关重要——放一些基本的材料和工具，孩子们穿梭其中，乐此不疲。为什么这么说呢？很简单，当孩子心血来潮想做点什么的时候，他可以说做就做，随心所欲，独立创作，不受拘束，觉得自己俨然是个小小艺术家！创造自己的艺术，施展"艺术魔法"，拥有自己的小世界，想想看孩子该多么自信和骄傲！

艺术空间的基本要素

在创设艺术空间时，实用美观，使用方便以及儿童无障碍性是家长必须考虑到的三大因素。艺术空间应包括桌子、画架、艺术材料、存贮工具、照明设备，有合适的地方晾干作品，并采取一定的防护措施，防止把桌面、地板或衣服弄脏。

操作空间

首先，选择合适的地方，并不要求单独的房间或很大的空间，只需利用好现有的房间，甚至小小的衣帽间都可以，但一定要确保有张工作台。

如果是一桌多用，比如说餐桌用作工作台的话，那可以直接利用周边环境创设艺术空间。碗橱、厨房用品架或带滚轮的储物柜都可以用来放置艺术用品。如果活动会搞得比较脏乱的话，记得在桌子上铺张防水桌布或一次性桌布，另外，塑料材质的碗和盘子也相对更安全些。

如果有专门的艺术桌，未完成的作品就不需要时时收纳，并且你也可以在桌子上方拉一条绳子或竖一块软木板，用来展示完成的作品。选择桌子时要考虑孩子的年龄。蹒跚学步的孩子和学龄前的儿童绘画时通常是站立的，他们需要调动整个上半身进行创作，因此桌子的高度应和儿童的身高相匹配。如果没有专门的儿童桌，可以用高度相当的咖啡桌来替代。儿童椅很有必要，孩子累了可以坐下来工作。我们家的桌子是购自宜家的"SANSAD"儿童桌，非常好用。桌子表面是方便擦拭的层压板，能根据孩子的身高调整高度，共有三档可选。上了学的孩子更好办，既可以用大人的桌子，也可以用儿童桌。

桌子的用途极为广泛，平整的表面也可以摆很多艺术材料，不过可别忘了画架对小小艺术家来说也不失为好的选择。我的女儿工作桌和画架都有，画架品牌是"梅丽莎 & 道格（Melissa & Doug）"，高度也可调节。（怎样挑选画架？详见32页。）

如果你打算利用衣帽间这样的地方，首先要确保桌子大小适中。譬如狭长的空间，最好选用狭长的桌子。在跳蚤市场或二手商品店买张厅桌①，然后将桌腿锯短，很合用。地板铺上软垫，放把椅子，装上灯，必要的话把门拆掉。墙上一面挂个画架，另一面挂块黑板，桌子上方的那面墙装上镜子，这样空间会显得大一点，采光也会好些，孩子还会

---

① 西方人习惯放在客厅里的桌子，较为狭长。——译者注

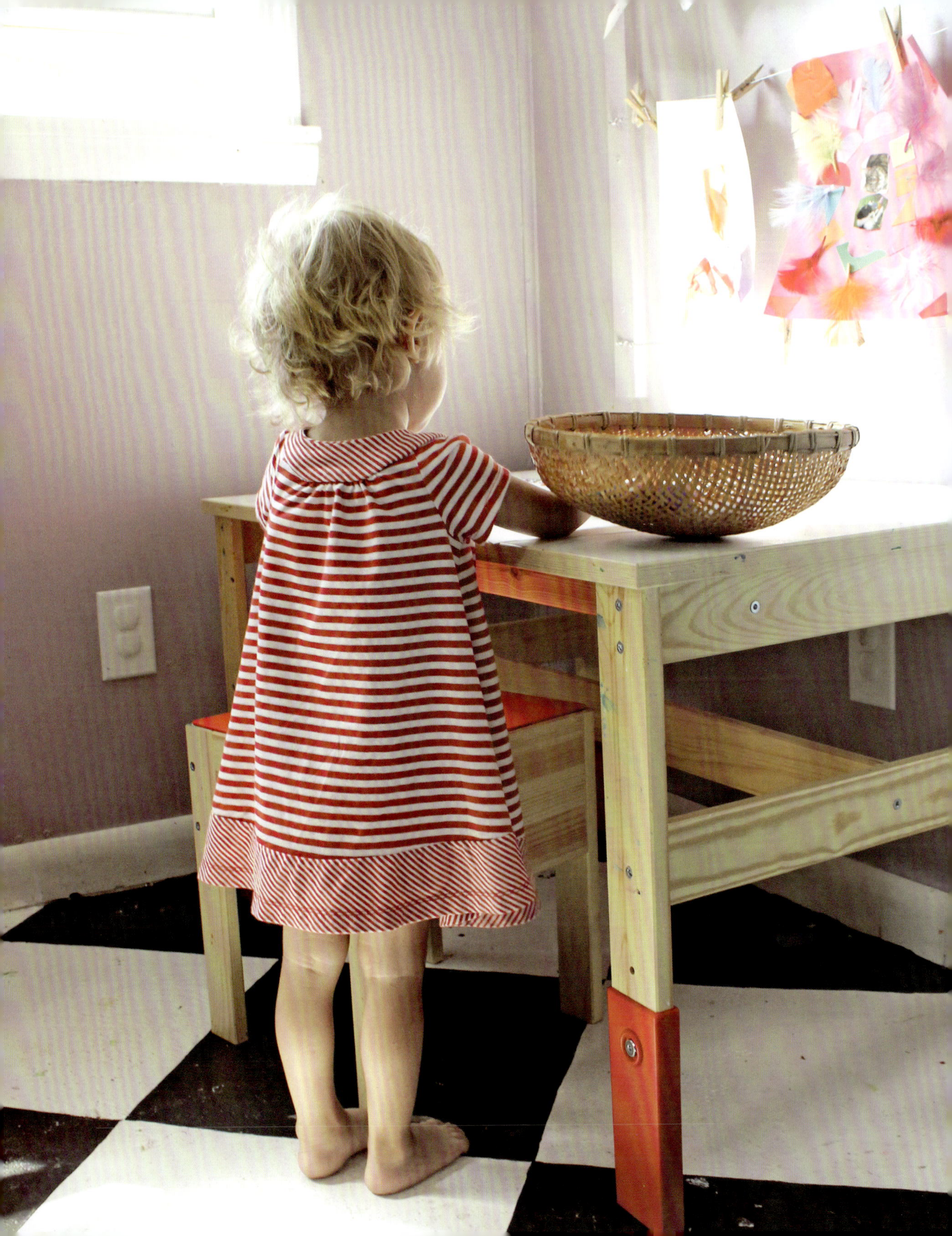

觉得又多了块"画布（镜面很容易清理）"。

如果打算利用房间一角，除了上述办法，还有很多可拓展的空间。用架子或柜子摆放艺术材料可行吗？有多余的地方放置画架吗？墙上够不够装块黑板？若是觉得凌乱，那就拉块帘子，一举两得，既隔开了空间，也让孩子更有专属感。

要是有一整个房间、车库、阁楼或地下室可以利用那就最好了。孩子们想怎么玩就怎么玩，不用担心颜料甩得到处都是。不用的时候把门一关，乱七八糟的一切眼不见，心不烦。

关于整个房间的布置，我在上文给了很多建议。不过大块的空间也会带来额外的问题。比如，房间的地板什么材质为佳？瓷砖和水泥地最好清理，地毯最难。如果地板和墙被颜料弄花了，你会将它们清理得干干净净吗？（我们家是较低水准的清理和维护工作，屋子里五颜六色。）另外，亚光面很难弄干净，因此粉刷墙壁最好用高光涂料。

怎样选择画架

画架是非常棒的多功能艺术工具。使用画架时，艺术家保持站立，挥动整个臂膀和上半身进行创作。画架可随意搬动，挪到任意房间，门廊和后院亦无不可。画架占用很少的空间，壁挂式画架或是台式画架更节省空间。

挑选的标准

- 制作精良，持久耐用。需注意，画架的使用率非常高。
- 可以按照儿童身高调节高度。
- 最好是双面，能确保两个孩子可以两面同时工作，或两面进行不同种类的艺术创作（例如一面粉笔画，一面颜料画）。
- 画架下方的托盘结实牢固，能够摆放颜料、颜料盘、洗笔杯等。

怎样自己制作画架

自己制作画架,简单又经济。

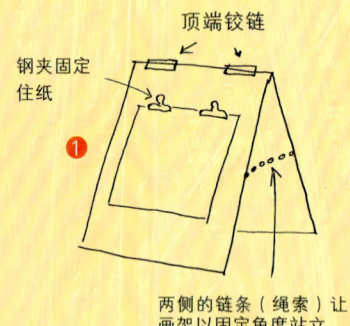

1. 胶合板画架

用铰链将两块胶合板的顶端连接,就能做出基本款画架。胶合板两侧需安装链条或绳索,画架方能以固定的角度站立。

2. 纸板画架

纸板箱,沿对角线剪开,可以用来做简易台式纸板画架。

3. 比萨盒画架

比萨盒画架比纸板画架(2)的制作更为简单。

4. 简易夹板

把夹子固定在墙上,然后用夹子夹住一张纸或一沓纸。也可以在冰箱上粘一张画纸,户外可以挂在围墙上。

根据房间的实际大小，在下列物品中选择合适的摆放：一张或几张桌子（孩子多时）、一个画架、储物收纳工具、展示架、晾干架、一面不易碎的大镜子，你还可以把墙或门改装成黑板（刷黑板漆，一种亚克力颜料，可以在五金店或艺术用品店购买）。

艺术材料

我们将在下一章详细介绍艺术材料。家长在创设艺术空间时为孩子准备的艺术用品务必要符合孩子的年龄、兴趣和生长阶段的特点。若无成人看护，应只给孩子提供安全的、可独立操作的用品。以一名 2 岁孩子为例，一本画画簿和几支可水洗的马克笔就行。5 岁的孩子，种类则丰富很多，能独立使用各式各样的绘画工具、印章、切割工具等。其余的材料可存放在收纳工具中，家长可以时不时地拿出来一些，和孩子手头正用的换一换。如果孩子有要求，在有成人监护的前提下，也可取出来供其使用。

怎样整理和收纳艺术材料

艺术材料的整理和收纳应以方便为第一准则。带手柄的美术工具箱实用、轻便、易于携带；杯子能用来插铅笔或马克笔；圆形转盘、挂墙收纳袋，还有就近放个架子也很有必要。可以直接利用家里现成的，或去商店购买适合的。

其次，艺术用品要方便孩子的取用；再者，要保持艺术空间的整洁，这样孩子们会更乐意使用这些材料。暂时不用的材料可存放在滚轮抽屉里或柜子上。（收纳的办法详见 37 页）

晾干作品

颜料画或剪贴画需放置在不碍事的地方晾干。在墙上钉两个钉子，中间牵条绳子，用木质的晾衣夹子将画挂好即可。（注意绳子应尽量靠墙，横在屋子中间存在安全隐患。）

去艺术用品店能买到专门的晾干架，也可以利用家里现成的架子，把作品放平晾干。当然最简单的办法就是干脆放在桌上、地板等没人去的角落或粘贴于角落处的墙面晾干。

照明

哪会有艺术家不需要好的照明呢？在自然光不足的情况下，摇臂灯或工作灯可以很好地补充光线。在夜晚或多云的天气，即便在靠近窗户的地方工作，人造光源也是必不可少的。

清理工作

无论是规划艺术空间还是设计艺术活动，都必须考虑到后续的清理环节。在桌子上铺上乙烯基垫子、旧的防水桌布或报纸，也可以用大头针将油布或塑料布钉在桌子表面，这样清理起来就容易多了。玩耍时给孩子穿上罩衣或旧的大T恤，桌边摆块湿毛巾或湿海绵，万一手上弄了颜料、胶水等，随时都能擦干净。

适当放手，合理指导

适当的放手是艺术创作中最重要的因素。把单独的房间、车库或地下室作为工作室，让孩子拥有完全独立的艺术空间固然是好，但前提是得保证在这种分离和孩子及父母各自的需要之间谋求平衡。如果孩子已经大了，那么很可能双方都想拥有自我的空间；然而学龄前儿童是离不开家长的关心和指导的（特别是学步期儿童），这个年龄段的孩子玩耍时，父母最好在场。所以，如果家长走不开的话，可以在房间里给孩子支个画架，或让他趴在桌子前玩画画、剪纸或捏彩泥，虽然多了些限制，但也不失为良策。

整理艺术用品

下面是整理艺术用品的小窍门。有些是我们家常用的方法，有些则是我在自己的博客上从其他父母那分享来的。

帆布纸架

壁挂式帆布杂志架可以用来存放不同种类的纸。买一个或做一个都行，挂在孩子的活动区域附近。

凯特的胶带架

凯特是一位很有"艺术力"的母亲，她的小发明极具创意。她把家里的各色胶带套在手纸架杆子上，一目了然又清清爽爽，用起来还方便。

糖果罐和点心罐

糖果罐和梅森罐（一种用来存放点心的宽口玻璃罐）也可以用做艺术材料的存储工具。我们家的丝带、羽毛、棉花球、绒绒球和珠子都是存放在糖果罐里的。

自制"肖恩储物箱"

在不用的木头箱子外面喷一层黑板漆(一种亚克力颜料),就可以用作储物箱了。肖恩,也是一位有"艺术力"的母亲,她根据自己的喜好选择黑板漆的颜色,制作专属储物箱,每个外观颜色不同,方便给物品分类。

剪贴画材料怎么办?

剪贴画的材料很细碎,可以分好类之后放在不同的容器里。分格的点心盘或是松饼罐子非常实用(旧货店可以买到,很便宜)。

兄弟姐妹一起玩耍

给 4 岁的女儿摆好了桌子，正准备再放些颜料、剪刀、笔、和剪贴画材料，可又不由得担心起来，只有 18 个月大的小儿子趁你不在的时候去捣乱，怎么办？小的不懂事，大的又不喜欢被人打扰，更何况还要考虑安全问题？按照下文的方法，大孩子轻而易举地就能拿到想用的材料，小孩子的安全也能得到保证。

- 可洗蜡笔、马克笔和纸放在桌面，但颜料、彩色亮片、剪刀应放在较高处（例如架子上），大孩子够得着，小孩子无法够到的地方。
- 定期地，有规律性地让大孩子进行艺术活动，最好的时间段即弟弟妹妹的午睡时间。
- 把大孩子的艺术材料放在一个小孩子打不开的箱子里，或小孩子够不到的地方。
- 把放有艺术材料的房间门锁上。大孩子能自己开门，小孩子进不去，或在过道里设置儿童安全门栏。
- 尽量鼓励大孩子自己整理艺术材料，让他把较危险的用品放置在安全处。
- 不要忘记了，即使小孩子也可以进行艺术游戏！哥哥姐姐能用的材料很多他也可以用，只不过需要成人的监护。

凌乱艺术，在哪里玩？

凌乱艺术，顾名思义，就是像手指画啊、纸浆塑形等会把周围搞得一塌糊涂的艺术类别，不过孩子玩起来可是乐此不疲。儿童发展心理学家认为，儿童的成长离不开体验触觉的快感，而孩子通过用手挤压颜料和彩泥等恰恰能获得此类感官经验。如果你觉得在家里玩不方便，那试试下面的办法吧：

- 将学步期儿童放置在宝宝椅中，以免造成大范围的混乱。让孩子用手指或用画笔涂鸦。绑好安全带，这样即使孩子手上沾满了颜料，也无法把沙发弄脏。
- 通常厨房比其他房间更容易清理。根据厨房空间大小合理安排，可以在角落摆张

自己制作艺术空间标识牌

适合 3 岁及以上儿童。

材料

- 原木板一块（可在大型艺术用品连锁店购买）
- 液体水彩颜料，一种或多种颜色
- 水彩画笔
- 旧杂志
- 剪刀
- 胶水或魔宝剪贴胶（Mod Podge，一种胶水，可以粘贴，涂刷在材料表面，干后可以形成一层透明的反光膜）
- 悬挂用五金件
- 小型剪贴材料，例如纽扣或可动人偶（可选）

步骤

1. 用颜料给原木板上色，作为背景色。
2. 给你们的艺术空间起个名字，例如"罗拉的艺术空间""史密斯一家的艺术工作室"或"莎蒂和贾斯汀的画桌"。还可以附上箴言，比如"艺术地生活"。
3. 等待颜料晾干的同时在旧杂志里找到标识牌上要用的字母。大点的孩子可以独立完成这项任务，小孩子则需要大人的帮助。
4. 把字母剪下来，按顺序排列好。满意的话，用胶水将其贴到木板上。刷子涂抹胶水更均匀。
5. 如果还准备了剪贴画材料，将其贴上去。
6. 在整个标识板上再涂一层起到保护作用的魔宝胶，晾干。

7. 将标识牌挂起来，用五金件或是热胶枪固定。
8. 现在好好欣赏一下劳动成果，让孩子们和标识牌合个影吧。

其他样式的标识牌

  我个人比较偏爱使用在艺术用品店购置专门的圆木板做标识牌，有人喜欢用小块帆布、一张广告纸板或古朴粗糙的木片。如果用的是帆布，最好使用淡彩画颜料或丙烯颜料，不能用水彩。

桌子或支起画架供孩子使用。
- 天气晴好时，将所需的材料拿到户外，让孩子在院子里、走道上或游乐场进行艺术创作。玛丽安·F. 科尔有本书，《凌乱艺术》(Big Messy Art)，列举了很多适合孩子的户外艺术活动。
- 晚上孩子洗澡睡觉之前给他一些手指画颜料、浴室蜡笔或蛋彩画颜料，由着他在浴室涂涂抹抹。洗完澡将浴室冲干净，一举两得。提醒大家，浴缸或浴室地面沾了颜料容易滑倒，最好铺上防护垫，或在底部铺块旧毛巾。
- 剃须膏刮画似乎是最脏乱的艺术游戏，实际上清理起来很容易。完全可以试试让孩子在镜子或玻璃上刮画玩（详见 200 页）。

更广阔的空间：户外艺术活动

室内艺术空间再好，也得时不时去户外活动活动，换个环境，换个地点，大人孩子都觉得新鲜，更有积极性。大自然赠予我们新的创作灵感，也会有效地调动我们的各项感官。天气晴好时，院子、阳台还有附近的公园都是很不错的活动地点。孩子们在户外能够无拘无束地创作，随心所欲地涂抹。用剃须膏在旧纸板箱上刮画，用蛋彩颜料涂鸦；将颜料肆意挥洒在广告纸板上，观察颜料溅开、滴落，晾干后就是一幅艺术作品；用大画笔在桶里面蘸水画画，墙上、地上、走道上，哪儿都行；或者躺在地上，用粉笔勾勒出身体的形状，再找来树枝或花瓣当作画笔，给自己的身体涂上颜色。游戏结束时，别忘了让孩子们用水管把自己冲洗干净才能回屋哦。

本书特意为大家准备了以下几种游戏方案：

- 桌子。将桌子抬到户外，用收纳盒装些艺术材料，一并拿出去。收纳盒携带非常方便，游戏结束或天气骤变时，短时间内就能收拾完毕。
- 画架。在户外支起画架，供孩子们写生用。也可以在外墙或围栏上固定一大张纸，即可搭成一个临时画架，简单易行。
- 黑板。给胶合板喷上黑板漆，一块好用的自制黑板就做好啦。条件不允许的话，就让孩子们拿粉笔在水泥地面或车道（通往自家车库的小道）上画画，这个游戏非常经典。

◆ 天不冷时，将门廊或带顶的阳台稍作布置，即可当作独立的室内艺术空间使用。

实战演练

说起来容易做起来难。如同养育孩子一样，真枪实弹地玩起艺术游戏来，现实总会有些惨不忍睹。首先，乱七八糟的局面无须赘述；再者，大的开心，小的也满意，两全其美没那么容易。而且孩子们的兴趣处于持续变化之中，挖空心思设计的艺术空间

热热闹闹，充满欢声笑语是经常的，可冷冷清清也免不了。面对如此局面，我们必须敞开心扉，不断地调整自己的预期，时时提醒自己，艺术为什么如此重要。

孩子对于艺术空间的态度可能会忽冷忽热。有段时间，他压根就不去艺术空间玩耍，或只是待在那儿做科学小实验，开"下午茶会"，家长无须惊讶，也不必失望；退一步想，总有他玩艺术游戏兴奋又忘我的时候吧。如果艺术空间的利用率非常低，基本处于闲置状态，你可以参照以下做法：

- 保持旁观者的身份，不介入。告诉自己，"即使现在空置，将来一定用得上"，不要给孩子施加压力。
- 将艺术空间收拾得更整洁、更有条理，让孩子看着就会产生想去玩的念头。
- 添加几样新颖有趣的艺术材料，吸引孩子的注意。
- 换个地方试试看（去户外或者游戏场）。

假如孩子目前对艺术没有什么特别的兴趣，那你应该琢磨琢磨，孩子的兴趣点是什么？怎样才能将他的兴趣点和艺术结合起来？喜欢车吗？何不和孩子共同设计一款在汽车上使用的活动垫子？找来一大张屠夫纸、马克笔和颜料，一起涂涂画画，这个主意不错吧？或在活动垫上用盒子或棍子堆房子，盖个小市镇。

孩子喜欢打扮？那先用纸板剪出面具或皇冠，放在桌子上，边上放一些羽毛、亮片或白胶等。你也可以和孩子一起做一副剪贴画，或用多余的织物布料给娃娃做衣服。

你也可暂停专门的艺术活动。生活里处处都是艺术，并不是说用专门的材料创作才可以称之为艺术。和孩子们一起做饼干，捏出不同的形状；一边在大自然中漫步，一边聊天，说说树叶、花、草、岩石的纹路和色彩；去图书馆借阅儿童诗歌，共同朗读，或欣赏水下摄影艺术图片；去动物园，去艺术馆；报名参加培训班，试试新的东西，比如音乐、陶艺、舞蹈、体操等等。充分鼓励孩子兴趣的自由发展，这才是至关重要的。

爸爸妈妈,请慢慢来

创设专门的艺术空间,准备艺术材料是相当耗时的过程。无须太过心急,有足够的时间、灵感和财力物力,然后再考虑添置新的东西。对于孩子来说,能用上基本的艺术材料进行创作和拥有一间豪华的艺术工作室,哪个更重要?毫无疑问,答案是前者。最好根据自己的家庭特点、住宅特点和经济条件设置艺术空间,条件改变时,再做出适当的调整。

旧T恤华丽变身——简易儿童罩衣

你还在担心颜料等艺术材料把衣服弄脏吗？那何不自己动手缝制儿童罩衣呢？背后开口式罩衣穿脱方便，而且T恤的针织棉面料柔软贴身，非常舒服。

材料

- T恤（选孩子穿上略宽大的T恤，但不能太大。学步期的儿童可以选用女士尺码的S号或XS号。参照标准即长度大约到孩子的大腿中部。）
- 剪刀
- 大头针
- 超宽、双层的斜纹边带
- 缝纫机
- 和斜纹边带颜色相一致的线
- 贴布绣（可选）
- 黏合衬布（用来黏合贴布绣，可选）

步骤

1. 将T恤底部的边沿剪掉，沿背部中线从下往上剪开，然后把下面的直角修成圆角。
2. 斜纹边带沿着未锁边处走一圈，用大头针固定好，窄的那面向外。在领口处要预留些边带，用做罩衣的系带。

3. 将所有的边带缝好，针脚沿着窄的一边。缝到头时，把毛边都折进去。
4. 根据喜好用贴布绣装饰。按照所购买的贴布绣说明，在贴布反面放上黏合衬布，烫平。反过来，根据贴布绣图案给衬布剪出形状，接着把贴布绣熨烫到罩衣上。最后，沿贴布边缘，走锯齿针脚，将其缝好。

其他样式

即使不会针线也没问题。你只需按照步骤1把T恤剪裁好，在后面贴上魔术贴就行了。另外，T恤的针织面料即使不包边的话也不会散开。

4 准备艺术创作的工具和材料

艺术家与普通人相比，并无独特之处；应该说，每个普通人都是位独特的艺术家。

——安阿德·库穆拉斯穆（印度哲学家，美学家）

活在当今的时代是多么幸运的事情！可供我们选择的艺术材料各式各样，种类繁多。以蜡笔为例，按形状、大小、颜色和成分可分为很多种：大豆做的蜡笔，蜂蜡蜡笔，畅销多年的绘儿乐牌（Crayola）蜡笔，现在时兴的蜡块，三角形的蜡笔，细长型蜡笔，粗短型蜡笔，多色蜡笔，甚至还有五角星形和汽车形状的蜡笔。至于纸、颜料、剪贴材料、塑形材料、马克笔和铅笔的种类，自然也少不了。我们的选择多到令人瞠目结舌，以至于艺术入门的新手家长一定会不知所措。

本章我将就如何挑选必备的艺术材料给大家一些建议，譬如如何挑选马克笔、纸和颜料。必备材料介绍完之后，我们将进一步了解还有那些可选的艺术材料，像做手工会用到的活动眼睛，五颜六色的羽毛和亮片等。最后，我会结合自己的亲身经验谈谈如何循序渐进地购置这些材料，希望读者们有所收获。

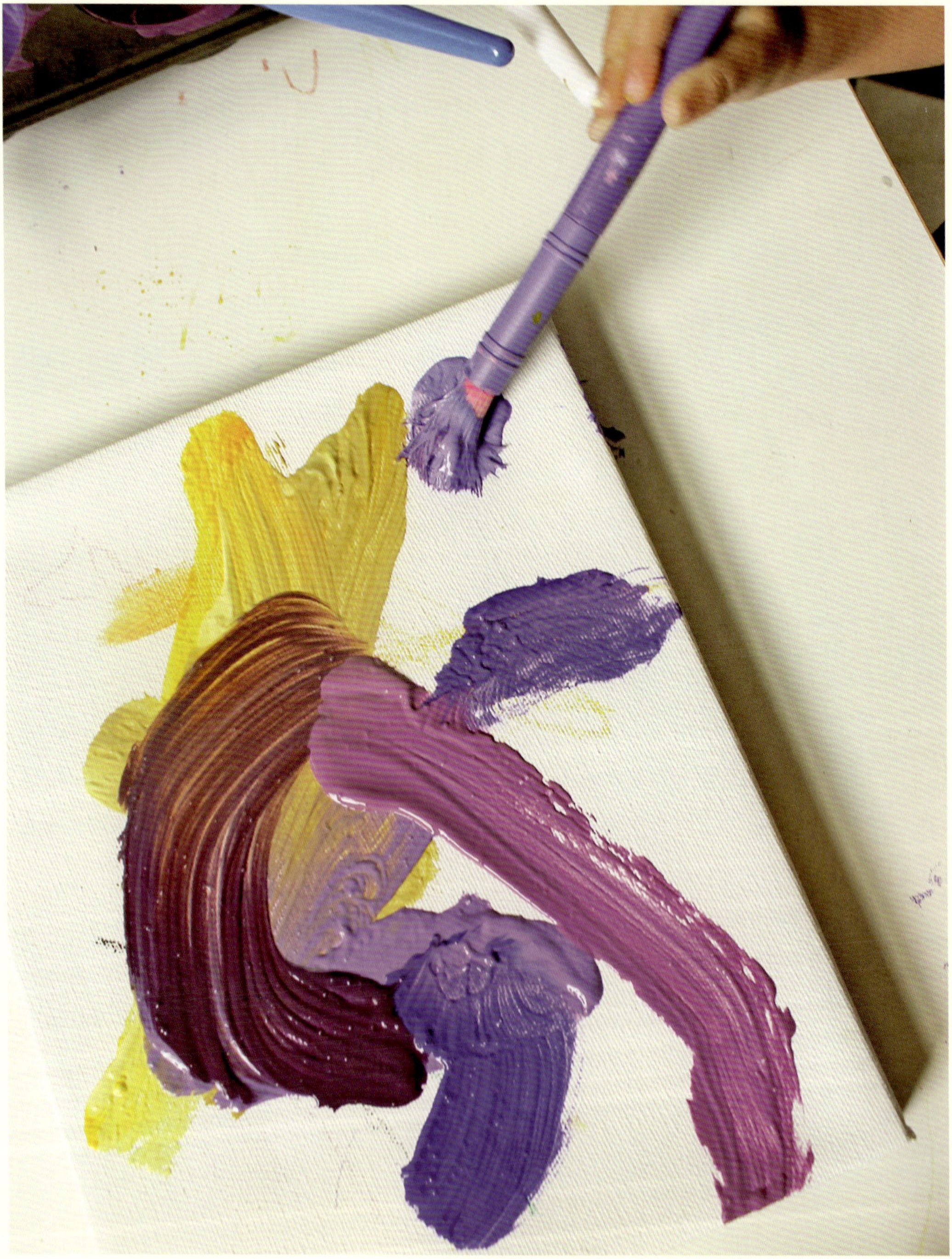

颜料

蛋彩颜料

倘若有人问我，如果孩子画画只能选择一种颜料，你推荐哪种？答案很肯定，即蛋彩颜料。提起艺术，人们首先想到的就是绘画，而最具代表性的绘画则是颜料画。蛋彩颜料，也称作海报颜料，经久不衰，至今仍备受儿童青睐。它质地厚重，色彩丰富，很多地方都能买到，只是质量有所差异，选择时应注意区分。儿童使用应购买无毒、可水洗的蛋彩颜料。

水彩颜料

水彩颜料的用法超级多！可用于湿画法、干画法、涂蜡装饰画、大理石纹画、剃须膏刮画、滴画、涂万圣节彩蛋等等。

水彩颜料呈半透明，属于水性颜料。一般水彩画需用较为厚重的纸，以吸掉颜料中多余的水分，且不易起褶皱（专门的水彩画纸肯定是最好的，不过卡纸和广告纸板也可以用来画水彩画）。水彩颜料有饼状的、管装的和液体型，操作方法和用途各不相同，可以先买一种试试看——无论加不加水，水彩颜料本质上都应是液态的。

饼状水彩

这是多数家庭最熟悉的水彩种类——浅盒子里一排圆饼，各种颜色，附带一支画笔。先把画笔在水里蘸一下，接着将颜料微微打湿，笔头蘸上颜料，就可以作画了。饼状水彩使用方便，不易弄脏环境且便于携带，非常适合4岁及以上的孩子，再小点的孩子尚无法理解使用的方法和步骤，会把颜色弄得一团糟。另外，颜料质量的差异，加水的多寡，都会影响到成品，有时画出来的画颜色过浅可能让小小孩不满意。不同的品牌，价格不同，质量也参差不齐，家长需要注意。

管装水彩

将管装颜料挤到盘子中，放入适量水，搅一搅就可以画画了，简单好用。我曾经给刚满1岁的孩子用过管装水彩，笔头伸到盘子里，蘸一些颜料，再往纸上画即可。每种颜色都配上画笔，可以省去换色时洗笔的麻烦。其价格低廉——一盒7美元到8

美元，能用很长时间。

液体水彩

  我个人非常钟情液体水彩，如果浏览过我的博客，你一定知道我对它当真是不吝溢美之词。液体水彩呈液态，直接蘸了画画或稀释之后使用皆可。论及色彩饱和度和操作的方便性，没有颜料能与之匹敌，并且颜色的选择范围也很大。遗憾的是，液体水彩最大的缺点是不容易清洗，因此使用时要特别当心别弄脏衣服和家具。一瓶 3.39 美金，也比其他颜料价格昂贵，但如果稀释使用，非常耐用。在家 DIY 艺术材料时，如自制彩泥或者做科学小实验，我经常用液体水彩替代食用色素。

手指画颜料

　　手指画颜料细腻光滑，手感非常棒。一般来说，手指画需要专门的手指画用纸，不讲究的话，直接在盘子上、桌面或普通纸上画也都没关系。我偶尔也会让孩子用蛋彩颜料创作手指画，不过手指画颜料较具有胶状物的黏稠感，更细腻，画起来更顺手些。手指画颜料晾干较慢，因此孩子能多玩一会。如何自制手指画颜料，详见288页。

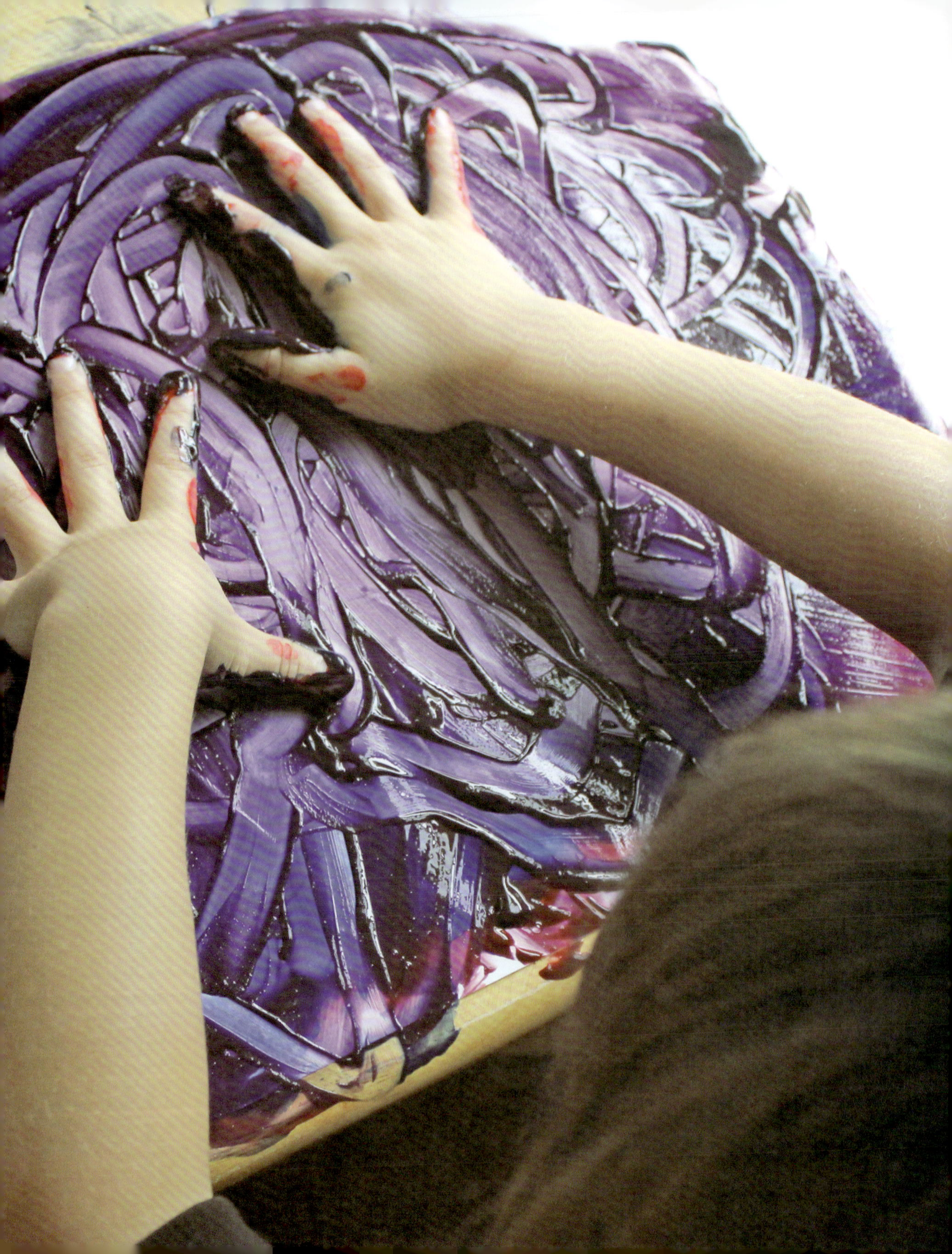

绘画工具

蜡笔

  我很少购买价格昂贵的艺术材料，史都曼（Stockmar，德国蜡笔品牌）算是例外。它比一般杂货店的蜡笔贵不少，但质量也是相当棒。史都曼蜡笔由天然蜂蜡及天然颜料制成，颜色饱满、鲜亮。有蜡笔和蜡块两种，都比一般蜡笔粗大，孩子抓着方便，不易折断。一盒史都曼能用好几年，同液体水彩一样，价钱略高且不易清洗。

  还记得自己小时候看见一盒五颜六色，头尖尖的蜡笔有多么眼馋吗？真是难以抗拒的诱惑啊。这么一说，你就会想，"嗯，还得给孩子买盒绘儿乐才好。"它带来许多绘画乐趣，虽然不如史都曼耐用，不过也无妨，用剩的笔头废物利用，熔化了可以做成蜡块，再做熔蜡螺旋画或蜡块拓印画等（详见174页，234页）。

油画棒

  我们一家都很喜欢油画棒。拿油画棒轻轻划过纸面，毫不费力，就能留下漂亮的图案。油画棒颜色丰富，价格也很亲民。除了可以用来画画，也能用在混合介质创作，以及无法使用蜡笔的情形。在彩色美术纸、牛皮纸等暗色纸张上，油画棒的显色效果

非常出色。

绘儿乐（Crayola）有款产品，旋转油画棒（Twistable Slick Stix，每单支油画棒外层都有硬塑料壳），非常适合学步期儿童，旋转外层的塑料壳，用多少旋多少，不用担心其余的部分会弄碎。和一般油画棒外面包裹的包装纸不同，塑料外壳起到了很好的保护作用。

粉笔

在我看来，粉笔是每个家庭必备的艺术用品，它非常实用，屋里屋外都能用，并且超级好清理。孩子们摸到粉笔就会不由自主地想画画看。家里若没有黑板，可以将黑板漆喷在墙上或门上，或粘贴可移除的黑板墙纸。

彩色铅笔

有些家长跟我说,他们对彩色铅笔有特殊的情结,他们的孩子也最喜欢用铅笔画画。另一些家长则反映,相比铅笔,孩子们更喜欢马克笔和蜡笔。笔者认为,铅笔更适合5岁及以上孩子,原因不言自明。要想用好铅笔,儿童需掌握各种技巧,例如颜色浓淡的处理,会用笔尖,也能用笔芯的侧面,手必须抓紧铅笔用力,更不用提削铅笔了。这么一说,你就明白倘若孩子没有较好的精细动作技能,用铅笔画画是比较困难的。不过我们也不能否认,的确有较小的孩子喜欢用铅笔,并且用得还不错。

铅笔质量参差不齐,建议家长挑选质量好的,粗一些的铅笔或是三角形的铅笔,儿童抓握更容易。

马克笔

马克笔价格低廉,使用方便,画画涂色乃至书写皆可。其色彩较之于蜡笔和彩色铅笔更鲜艳亮丽,是备受孩子青睐的绘画工具之一。种类繁多,有可水洗的,亦有永不脱色的,颜色丰富,笔头粗细不一。马克笔最主要的缺点就是如果笔帽没盖严,很容易干掉。有什么对策呢?在本书中我将和大家分享简易马克笔架的制作方法,是我

在玛丽安·F. 科尔的《第一堂艺术课》中看到的,有了它,即使学步期的孩子也能够轻松地套上笔帽。(详见 71 页)

钢笔和铅笔

普通的钢笔和铅笔(对,就是你写字台上的那种)用起来也会有很多乐趣。虽然它们通常是成人和专业画家的选择,儿童使用也未尝不可。我们用钢笔或铅笔写购物清单、任务清单、日记,做报纸杂志上的字谜游戏。大家都知道,小孩子看到大人用

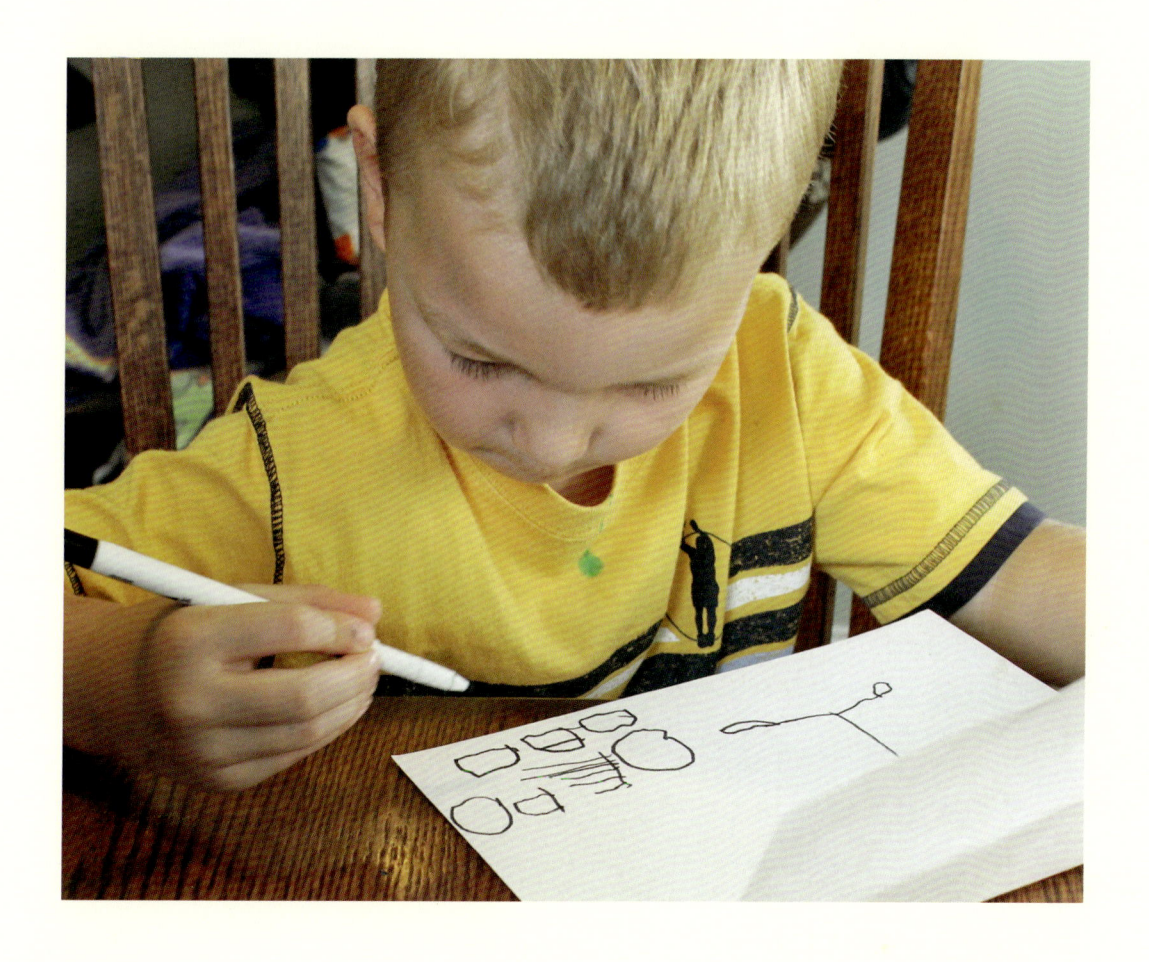

什么自己也想用用看。如果孩子想尝试,家人应多留心,普通的钢笔基本上都不是可水洗的,防止孩子把衣服或家具弄脏。

我的见解是孩子想玩的时候,有什么工具就给他用什么工具,他们不会特别挑剔。随着年岁渐长,儿童会对某些种类的艺术创作更感兴趣,比如卡通画,这时候他们才会提出特殊的要求。

纸张

不同的艺术创作会用到不同的纸张。纸张种类纷繁复杂,可以按颜色分,按尺寸

分，按厚度分（美国的纸张按厚度分为很多种，例如有 20 磅规格的复写纸，有 90 磅规格的水彩画纸等），还可以按纸张的粗糙度分。

画纸和剪贴画用纸

我一般购买 80 磅的鸡皮纸[1]给孩子们画画和做剪贴画用，它的用途非常广泛，简直就是"万能纸"。我在家里的艺术工作室和餐桌边上各放了一摞鸡皮纸，供孩子们随意取用。

另外，也可以买大张的广告纸板，塔杰特[2]百货大概卖 0.39 美元一张。一张大纸可以裁成几块小纸，也可以直接整张使用。我女儿喜欢画大幅作品，广告纸板价格便宜，大小适宜（长 2 英尺，宽 3 英尺）[3]。

我还会去家附近的画框店找一些废弃不用的纸板，厚实坚硬，给孩子们画画或用作剪贴画底版。

---

[1] 一种单面光的平板薄型包装纸，不如牛皮纸强韧，故称"鸡皮纸"。纸质坚韧，有较高的耐破度、耐折度和耐水性，有良好的光泽。——译者注

[2] 塔吉特百货（Target），美国零售业巨头。——译者注

[3] 1英尺约等于30.48厘米。——译者注

水彩画用纸

水彩画专门用纸比其他种类的纸要厚一些，能更好地锁住水分以避免颜料晕开或随处流淌，并且纸张不易破碎，也不会卷曲变形。水彩画用纸有很多种，但大部分只适合专业画家，并不适合儿童使用。俗话说，"一分价钱一分货。"我给女儿购买的是供学生使用的中等质量的水彩画纸，倘若你的孩子热爱水彩画，也许你愿意给他买质量更好、更专业的。要求不高的话，在广告纸板或一般的纸板上画也无妨。

画架用纸

尝试过很多种画架用纸，我最想推荐的是 www.discountschool.supply 网站上一种成捆销售的画纸，价格适中，纸张结实有韧性。不仅仅可以固定在画架上用，我有时候还扯几张铺在桌上或地板上给孩子们画。当然你也可以购买整摞售卖的纸张。

大尺寸纸张

在劳氏（www.lowe's.com，劳氏公司）能买到一种棕色装修防护用纸，10美元一卷，和30到40美元一卷的屠夫纸相比，真是太合算了。如果孩子想躺到纸上画出整个身体轮廓，在桌子上铺满纸画画，或全家共同完成一幅作品，这种纸张很合用。

桌子上摆什么纸？

前文中提到，鸡皮纸在我们家里随处可见，其实还有样东西出镜率也很高，是什么呢？素描簿！女儿的书桌上、手工桌上乃至车里都摆了本螺旋素描簿。我知道有些家长给孩子买价格昂贵的 Moleskine[1] 素描簿，但女儿用的速度实在太快了，让我不得不考虑性价比的问题。我通常购买价格亲民的螺旋素描簿，她在上面写写画画、涂涂抹抹、随意剪贴，我也不会心疼。

---

[1] 欧洲艺术家和知识分子中的传奇笔记本，凡·高先后用过7本Moleskine，内里全部是手绘草图，美国小说家海明威及法国画家马蒂斯亦同样是Moleskine的拥趸。——译者注

可回收利用的纸张

找个盒子存放暂时没用的纸张。苏珊·卡普钦斯基·盖洛特(Susan Kapuscinski Gaylord)写过一本书,名为《呵护地球,自己动手做本书》(Handmade Books for a Healthy Planet),大家可以登录她的网页 www.makingbooks.com 了解一下。她建议我们把没用但挺好看的碎纸头、纸卡等等统统放进盒子里,总有一天会派上用场。在做剪贴画或创作包含多种艺术介质的作品时离不开它们,甚至还可以做成一本书。准备丢弃的包装纸、卡片、过期杂志、麦片盒子和旧的日历都可以变废为宝。

彩色美工纸

彩色美工纸的使用频率也很高。杂货店购买到的美工纸质量实在不尽如人意,可以在 www.discountshoolsupply.com 上购买彩色鸡皮纸或在宜家购买美工纸。

其他类别的用纸

一次性纸盘的用途很多：我们用它用来画简笔画、颜料画，做旋转喷绘、弹珠轨道、集光饰品都能用到。我们也经常用透明的裱纸（背面有胶）和彩色皱纹纸装饰玻璃，设计各种图案，五彩缤纷，美轮美奂。

哪类纸不合用？

新闻纸的质地极为薄脆，更糟的是，其颜色接近棕色，并含有酸性物质，若想长久保存孩子的画作，尽量不要选择新闻纸。

剪贴画材料

任何材料都可以用来做剪贴画，纸、卡纸、棉花球、羽毛、彩色珠子、豆子、绒绒球、意大利面、纽扣、棒冰棍，以及你废旧品回收箱里的一切，都有用武之地。在家里找一找，你总能发现有用的东西。

胶水

　　孩子们进行艺术创作时经常会用到胶水，他们觉得最过瘾的事情，莫过于使劲挤胶水，直到纸上汪出一滩来。有些家长和老师见此，会先把胶水挤出一些到小盘子里，然后给孩子分发小刷子或棉签蘸胶水。不过我女儿这么做时，我从不阻拦，这又何妨呢？一来，胶水不贵，二来，人生中能享受到这种小小乐趣的时光能有多久呢？要想孩子不浪费，胶棒倒是很好，只可惜胶棒的黏合效果不甚理想，只有粘纸张比较牢固。热胶枪很受我家孩子欢迎，即便是不容易黏合的材料，热胶枪一出场，方便迅速，立刻搞定。（热胶枪使用详见 181 页）

塑形造型材料

塑形造型材料包括泥巴、橡皮泥、超轻彩泥、棉花糖和牙签、绒线铁丝、吸管、纸板箱、铝箔，以及可在家DIY的盐面团、面团和玉米淀粉团。具体做法参见第14章。

艺术工具

艺术工具的选择能够影响艺术创作的过程和结果，此外，你的家庭和艺术能否碰撞出火花，孩子们要多久才会喜欢上艺术，和艺术工具也有很大关系。

画刷

说来所有艺术工具的种类都是超级多，画刷自然也不例外，粗的、细的、木柄的、塑料柄的、贵的、便宜的、貂毛的、人造毛的，不胜枚举，现在还流行一种特殊设计的画刷，画出的图案具有特殊的纹理。孩子们画好画后将画刷放到碗里用水浸泡，我总是等到非洗不行了才会把它们洗掉（长期浸会泡损坏木柄），因此我个人更偏爱塑料

柄画刷（泡不坏）。

颜料杯和洗笔杯

建议大家购买防洒的颜料杯，杯子顶上有特制的盖子，画刷可以穿过盖子伸进去，万一孩子把杯子打翻了，颜料也不会洒出来。颜料杯要大小适中，要和大多数颜料架的凹槽尺寸相匹配，以便放进去稳稳当当；直接摆在桌子上亦可。如果你愿意用旧碗旧盘子或梅森罐代替颜料杯，去旧货店买些也没有问题。

罩衣

穿上罩衣，孩子的衣服就不会被颜料、胶水等材料弄脏；孩子尝试凌乱艺术的各种游戏，你也不会那么厌烦了。我家的儿童罩衣都是手工制作的（详见46页），你也可以直接用T恤充当罩衣，买一个也行。购买时儿童罩衣应选择透气性和柔软度较好的面料，防雨布或塑料面料太硬。

托盘

带分格的托盘用来盛放艺术材料，清清爽爽，一目了然。捏彩泥，捏黏土，串珠，做剪贴画以及画手指画时，所用的材料都可以用托盘放置。

游戏垫

孩子进行艺术活动时会把地板弄得脏乱，在地板上铺一块防水的游戏垫很有必要。不用的时候可将游戏垫折叠起来收好，或铺开放置于画架下方。

其他工具

许多创造性的游戏离不了剪刀、胶带和订书机。要在家里备好透明胶带和美纹纸胶带①（www.discountshoolsupply.com 有售带图案的美纹纸）、儿童剪刀、压花器和结实耐用的订书机，让孩子们想用时当即就能用上。

---

① 美纹纸胶带是以美纹纸和压敏胶水为主要原料，在美纹纸上涂覆压敏胶粘剂，另一面涂以防粘材料而制成的卷状胶粘带。——译者注

备选材料

介绍了那么多，相信读者们对必备的艺术材料有了一定的了解，如果意犹未尽，那和我一起来看看还有哪些好玩的备选材料吧。

金粉

毋庸置疑，金粉排在备选材料表的第一位（照我女儿的说法，没有备选，样样都是必选）。孩子们是实在太喜欢金粉了，无论是简笔画、颜料画或立体手工，都要用它们装饰。平时用得不少，每逢节假日肯定也会用到。除了普通的金粉，含有金粉的胶水和金粉颜料也颇受孩子们的欢迎。我们用过很多种类的金粉，觉得所有的品牌相差无几。不过胶水则不同，试过很多种胶水都不太好用，我甚至都想放弃了。幸而后来有人给我们推荐了卡乐纯牌（Colorations），胶水很容易挤出来而且不会堵住开口。

备选颜料

如果只给孩子准备了水彩颜料和蛋彩颜料，其实也够，不过若是经济条件允许，孩子也想试试其他的，你还有很多选择。除了上文提到的金粉画颜料，还有棉花彩颜料（发泡彩胶）、粉笔涂料、织物颜料（布彩）和窗彩。如果用胶水创作巴迪克[①]印画，在玻璃或石头上画画，可以使用亚克力颜料，亚力克颜料不易脱落，耐水洗，正是此类创作求之不得的好原料。

玻璃彩绘蜡笔和玻璃马克笔

如果想让孩子探究在透明材质表层作画的感受，家长不妨购买玻璃彩绘蜡笔和玻璃马克笔。用肥皂和水即可清洗干净。镜面同样适用。

织物蜡笔、马克笔和颜料

用自己的画装饰纯色的T恤、旗子、包或其他织物，孩子们对此饶有兴味。我们用得最多的是织物蜡笔，画好后，熨烫，颜色就不会脱落了。

---

① 巴迪克是印尼特有的一种蜡染花布，其制作工艺复杂，色彩绚烂。近年来，出现了用蜡染手法绘画的新潮流。——译者注

剪贴画材料

我们家就没断过活动眼球、亮片、贴画和羽毛这四类材料，价格不贵又好玩，用在剪贴画里棒极了。

自制马克笔架

有了自制马克笔架，小点的孩子不会再经常忘记盖笔帽啦，另外的优点就是美观且非常实用。下面要介绍的马克笔架的制作方法，灵感来自于玛丽安·F.科尔的书《第一堂艺术课》，在此基础上我又做了些改进。

材料

- 密胺碗或塑料碗
- 凡士林
- 一块漂亮的布，比碗的内侧略微大一些
- 熟石膏
- 牛奶纸盒、桶（或废旧的碗，用来搅拌石膏）
- 不用的勺子或木质的油漆搅拌器（用来搅拌）
- 食用色素（备选）
- 一套马克笔
- 装饰用的珠子（备选）
- 魔宝胶

做法

1. 将所有的材料集中到一处放置，因为一旦石膏调好了，动作必须迅速。
2. 在碗里面抹上一层凡士林。
3. 将布弄湿，拧出多余水分。正面向下放到碗

里面，抹平，越平整越好。沿着碗口边，留出1-2英寸（约2.5-5.1厘米）的余布。

4. 将熟石膏放到牛奶盒或是不用的碗里面，顺着容器的边沿搅拌，边搅拌边放入食用色素给石膏上色，具体的颜色以及深浅取决于个人喜好。
5. 将石膏倒入已经铺了布的碗里面，倒满。
6. 将马克笔的盖子拿掉，空心向上，插到石膏里，插入大约一半高度即可。一旦放好就不要再拔出来或调换位置，否则笔帽会松动。
7. 孩子喜欢的话可以再用彩色珠子来装饰。轻轻地嵌进石膏里即可。
8. 石膏成型之后，方可把马克笔放回相应的盖子中（不用盖得太紧，松松地就好，确保马克笔不干就行，第二天再盖紧。）石膏干透需要一整夜时间，耐心等待。
9. 将碗反过来，把已经做好的马克笔架小心地取出来。
10. 在底部表层涂抹魔宝胶，起到保护作用，一定要把布上全都涂满。
11. 完工，可以使用啦！

注意事项

- 多余的石膏千万不能倒进水池里，这样会堵塞下水道，应丢到垃圾箱里。
- 尽量选择方便购买的相同品牌的马克笔。这个架子可以用好几年，期间你的马克笔可能都换了好几轮，而笔帽是固定无法更换的。

- 选择色素颜色的时候应考虑到色素不仅给石膏上色，还会把布也染上颜色。
- 接触干燥石灰粉时需谨慎，小心不要吸入肺里。

够用就行

我已经给大家介绍了各种类别的艺术材料，其中有很多都是我的挚爱，不过要列一个"必备艺术材料清单"的话，其实并不长。一些纸、颜料、画画的工具（蜡笔或马克笔等）、剪刀、胶带、彩泥和胶水，这就是"必备清单"上要求的材料。其他的材料也很好玩，但并非缺其不可，备选而已。没必要一股脑把所有的东西都买回家，可以像我一样，一点一点慢慢添置。一次买一两样，孩子才有足够的时间摸索它的特点，从中获得乐趣，并将新购置的和已有的材料搭配进行创作。哪怕我买了一箱子的新材料，一次我只拿出一样来和女儿一起玩，这样大家都比较放松，不会像圣诞节那样礼物太多，兴奋得过了头，反而茫然失措。

利用现成的材料

不必立刻出门买一堆材料回来。有些你在自己家里就能做，你或许料想不到，家里可用的材料完全超过你的预期。花点时间，找找看吧。

厨房

- 牙签和棉花糖（塑形材料）
- 面粉、盐、玉米淀粉（用来做彩泥，自制颜料等）
- 食用色素（用来做颜料，装饰曲奇饼干，玩混色游戏，做科学小实验）
- 土豆捣泥器、打蛋器、滤网、肉槌、海绵和洗碗球（用作印章，或用来画画）
- 土豆、水果和蔬菜（用作印章）
- 压蒜器、擀面杖、土豆捣泥器、曲奇饼干模具等器皿（用作彩泥的塑形工具）
- 咖啡滤纸（做雪花图案或滴画）

- 皮筋（做几何板或用来玩拉伸游戏）
- 线绳（做装置艺术[①]）
- 蜡纸（做集光饰品）
- 冷冻纸[②]（用作蜡纸或做布艺）
- 铝箔（用来塑形或做剪贴画）
- 冷冻柜（做圣诞冰花环或冰雕）
- 梅森罐（存放自制颜料或自制彩泥）
- 豆子、米和意面（做剪贴画）
- 意面（涂色做成项链或做剪贴画）

浴室

- 棉签（做棉签画）
- 棉花球（做棉签画或剪贴画）
- 按摩酒精（和水彩混合产生特别效果）

工具箱

- 蝶形螺母、垫片、螺栓（做剪贴画或黏土塑形）
- 木材边角料、木材专用胶、钉子和锤子（做剪贴画或黏土塑形）
- 电线（做黏土塑形）
- 强力胶布（做剪贴画或黏土塑形）

---

① 装置艺术，是指艺术家在特定的时空环境里，对物质文化实体进行选择、利用、改造、组合，演绎出新的文化意蕴的艺术形态。简单地讲，装置艺术，就是"场地+材料+情感"的综合展示艺术。——译者注

② 冷冻纸是用来包装肉类的纸张，光泽的一面可保持食物的新鲜度，防止与外界空气和水分的接触，另一面则可用笔轻易写上各种资料，深受喜爱。它是不可或缺的拼布辅助工具，若将亮面置于布料上，再熨烫，冷冻纸会产生黏性，与布料黏合。——译者注

办公用品

- 标签纸（用作小贴纸用）
- 方便贴（用作小贴纸或用作装置艺术材料）
- 橡皮筋（玩拉伸游戏，给黏土塑形）
- 美纹胶带和透明胶带（和颜料或蜡笔等结合，做胶带装饰画）
- 剪刀（剪纸）
- 打印纸（画画）
- 索引卡（画画）
- 点点图案贴纸和有孔的贴纸（做剪贴画）
- 钢笔、铅笔和荧光笔（画画）

适合学步期儿童使用的十大类材料

1. 绘儿乐马克笔（Crayola Pip-Squeaks Markers）
2. 绘儿乐可旋蜡笔（Crayola Twistables Slick Stix）
3. 可洗的蛋彩颜料
4. 手指画颜料
5. 粗一点的画刷
6. 彩泥
7. 粉笔和黑板
8. 胶水（可挤压瓶）
9. 防洒颜料杯
10. 装饰裱纸

废物利用

- 没用的纸和纸板（用来画画或剪贴画）
- 盒子、鸡蛋盒和牛奶盒（做手工或黏土塑形）
- 报纸（做纸塑或当作游戏垫使用）
- 瓶盖、旧玩具和捡来的旧东西（做剪贴画或塑形）

针线筐

- 零碎布头（做剪贴画、缝纫、刺绣和手工编织）
- 丝带（做集光饰品、剪贴画或编织）
- 棉纱（编织、做纱线画或首饰）

一定要买最好的吗？

慢慢地置办艺术材料，量入为出，但购买价格昂贵的材料亦无不可，有时候多花点钱的确是物有所值，不过多数情况下普通的品牌就足够了。

我期望我的孩子们尽可能多地尝试各种艺术材料，随心所欲，自得其乐，不想因为价格的原因，限制了他们体验的机会。虽然有些挑剔的家长觉得贵的东西更称心如意，但我并不推荐，如果由于价格高昂，父母每次就像个吝啬鬼一样，只给孩子一点点，就好似捆绑住孩子的手脚，让他们无法自由创作。很多平价的材料质量不错，用起来不心疼，孩子也很开心。我的建议是考虑家庭的经济能力，量入为出，材料任孩子使用。

适合学龄前儿童的十大类艺术材料

1. 油画棒
2. 剪贴画材料
3. 迷你滚轮油漆刷

4. 彩色美纹纸胶带

5. 金粉胶水

6. 剪刀

7. 彩色美术纸

8. 液体水彩

9. 可洗的马克笔

10. 剃须膏

适合学龄儿童的十大类艺术材料

1. 彩色铅笔

2. 细头马克笔

3. 颜料

4. 黏土

5. 炫彩棒

6. 热胶枪

7. 可回收材料

8. 三福牌记号笔（Sharpie）

9. 印章制作工具

10. 绒线铁丝

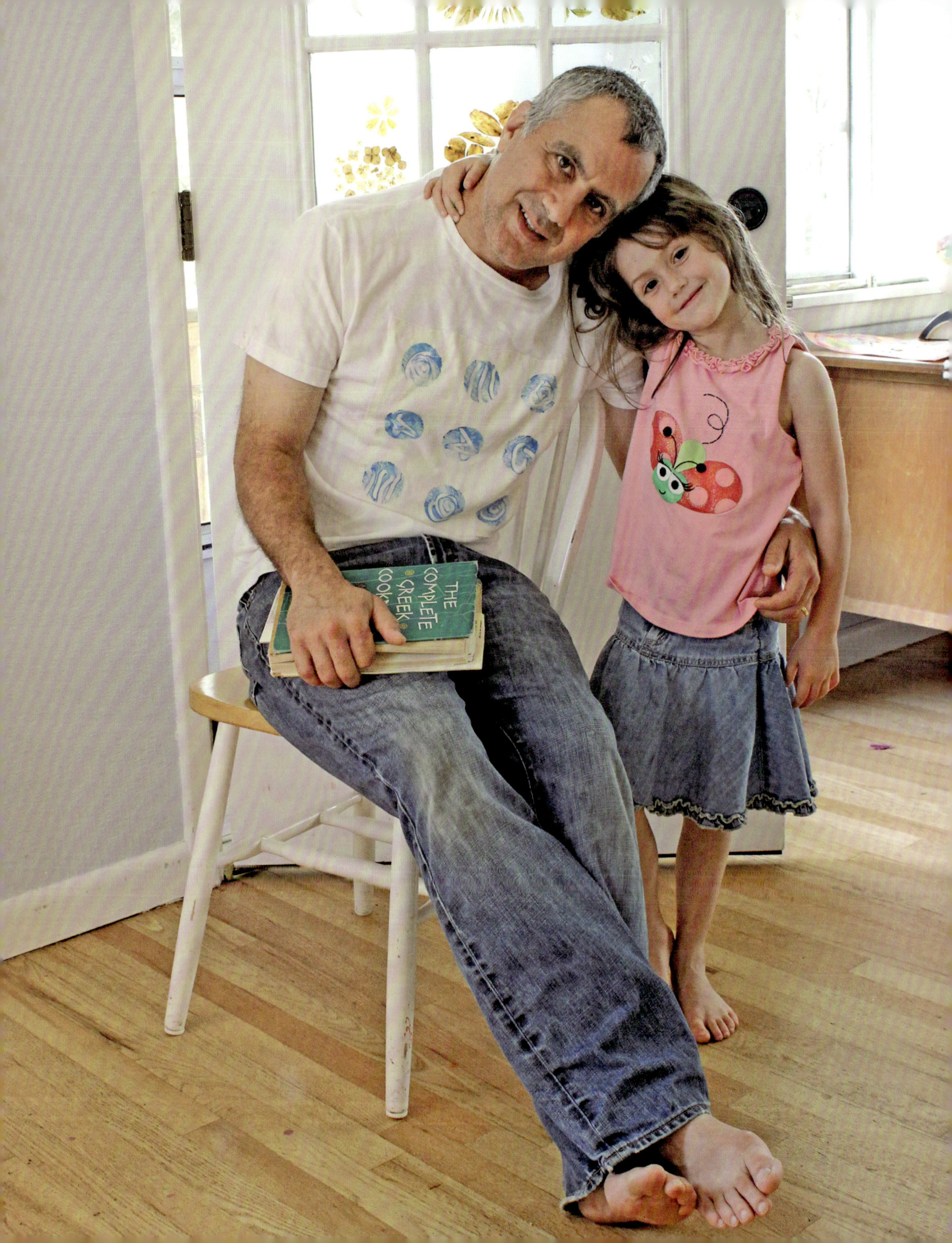
THE COMPLETE GREEK

5 浇灌艺术的萌芽

什么是创造？是发明，是试验，是成长，是不断冒险，突破藩篱，不停犯错，并从中获得乐趣。

——玛丽·卢·库克（艺术家，和平活动家）

在孩子艺术探索的道路上给予鼓励和支持是必需的，但仅仅给他们创造艺术空间，提供艺术材料是不够的。如何与孩子互动，用什么方法聊聊他们的作品同样重要。家长的行为、态度和言语在成人和儿童交流的过程中起着举足轻重的作用，如果我们能有意识地控制以上因素，预先考虑好应该怎么说，怎么做，势必会对孩子的内在创造力产生非常积极的影响。

让孩子尝试符合其发展规律的艺术活动，鼓励其探索，固然重要；和孩子谈他们的创作时，适当的言语方式和行为方式的重要性亦不可小觑。父母和孩子若是能进行有效、积极的沟通，有助于儿童自信心的培养，同时可以帮助他们积累更多的词汇，更好地表达自己的艺术体验，也能使孩子们对艺术保有激情和兴趣。

当孩子给大人展示新画作的时候，许多家长要么想都不想，直接说"好漂亮的画"，要么问"你画的是什么啊"，也有的就在那儿猜，"看起来像火车啊"，"是恐龙么"。父母或许是出于好意，但其实这样的沟通方式并没多大作用。每一幅作品都可以用"漂亮"来形容，那么说"漂亮"还有什么意义呢？如果那根本就算不上"漂亮"。

譬如孩子生气时，愤怒地挥起画笔，在画纸上留下一道红线，或画了些阴森可怖的图案？"漂亮""真好看""美极了"，家长和老师们经常使用这些词汇，然而实际上它们的意义空泛，频繁的使用正说明我们不知道该如何措辞。我们都该明白，用一种积极、有助益的方式和孩子对话，聊聊艺术，是我们的必修课。

  如果你问孩子画的是什么，实际上就是默认你并不知道他画的是什么。而孩子的小脑袋会觉得这是再清楚不过的事情，因此他会失望、会沮丧，心想"难道只有我知道画的是什么？"更糟糕的是，他会质疑自己的绘画能力。有时候孩子并没有画什么具体的东西，家长一厢情愿地猜测也是不好的。

事实上，幼儿早期的作品通常是抽象的，并没有特殊的意义。笔、纸、各种材料和工具让孩子们跃跃欲试，他们会想："这些东西都没玩过，干吗不试试看呢？"孩子拿起笔来画些东西，可能仅仅是出于乐趣——试着拿起笔，在纸上留下图案这个过程中所获得的乐趣。年龄小的孩子尤其享受这个过程，他的小脑袋寻思着："把颜料弄到纸上会发生什么呢？"而并不去仔细想"这些看起来像什么呢？"无论是大刀阔斧还是小试牛刀，他们自己都觉得很开心。可一旦大人问"画的是什么"诸如此类的问题，困扰则随之而来。原本可以随意涂涂画画，任意选择称心的颜色，现在呢？孩子从中得到的乐趣大打折扣。

大人们还总爱瞎猜。"你画的是小鸡吗？"非常遗憾，孩子的答案和你的猜测相去甚远，不是小鸡，而是一只怪物，很友好的怪物（这是我曾经犯下的错）。孩子对你看不出来失望之极，并进而怀疑自己的艺术能力。

不分青红皂白地夸奖孩子，问孩子画的是什么以及对孩子的作品胡乱猜测，这三种交流方式极为常见。很多家长都这么做过。不过也别把事情想得太糟，我们只是需要用一种更具建设性的和开放性的方式和孩子聊聊，以便了解他们的真实想法，同时帮助孩子们理清楚创作思路。

本章的主旨即父母如何更好地和孩子进行艺术的交流和沟通，从而帮助孩子积累艺术词汇，增强自信心。父母若是能对孩子的创作过程和作品进行细致的描述，他们总有一天也能如此清晰地表达自己。

谈谈你所看见的

孩子作画的时候是泼辣型、狂放型还是拘谨型？可以这样说："哇哦！今天是个大工程啊！"他画画时有没有挥动整个胳膊？那你可以说："今天看起来劲头十足啊！整个身体都用上了！"孩子用的画笔是粗的还是细的？画的是点还是圈？选的什么颜色？颜色混到一起了吗？试试这么评价："哇，红色上面盖的黄色啊。两种颜色混起来是什么颜色？橙色，对不对？"

家长可以不仅仅谈谈孩子在做什么，还可以谈谈颜色、形状和图案样式。仔细观察孩子的画，你能看见什么？如果是一大片红色，上面散落些蓝色点点和绿色的漩涡，你可以说，"这幅画有一大片红色啊"，或者，"画这些蓝色的点点和绿色的漩涡挺好玩吧"。家长大可不必一直站在边上评头论足，像实况转播一样。不过如果你真的想说些什么，评述孩子画画的过程和你所看见的东西这两种方法，还是很有借鉴意义的。

这两种方法尤其适用于学步期儿童，因为他们尚未有足够的词汇量和语言能力表达自己的想法。如果是学龄或大点的儿童，让他自己讲讲作品是个不错的主意。

> 比知识更重要的，是想象力。
> ——阿尔伯特·爱因斯坦

儿童自主讲述

我们家说得最多的一句话恐怕就是:"你能给我讲讲这幅画(雕塑、剪贴画等)吗?"这句话简直就是我的救命稻草。玛雅可以非常细致地描述自己所创作的东西,并且能配一个相关的故事。我有时候飞快地把故事记在本子上,这样就不会忘记了。其他时候我就紧靠着玛雅坐下来,一边听,一边时不时地插句嘴,"哦""是这样啊""明白了",或指着她没有讲的部分问,"那这些是什么呢?"这个过程太幸福了!作为一位母亲,我渴望了解孩子们在想什么,我也欣喜地看到孩子越来越会讲故事,并被她们的专注和认真所感动。

我们应知道，儿童会赋予同样的作品不同的意义，它并不是一成不变的。今天他跑来告诉你，这是鸟妈妈和小鸟宝宝，过些日子，他又说这是刺猬奶奶。这还会是一个黑漆漆的山洞里躲了一只害怕的小熊，到了明天，就变成一间房子，里面住了只小狗。孩子跟你谈论他画的大山，可你明明记得昨天他说的是过山车啊，这时候不用惊讶，孩子就是这样。

对于儿童的作品，尤其是学龄前及稍大点的孩子，另外一个最好的评价方式就是："你画得非常认真！"这样的表扬是对孩子所付出的努力的认可，特别是孩子花了较长时间完成的作品，更应给予鼓励。

哪些该说？哪些不该说？

家长不要说

哇！好漂亮啊！

这是什么？

你画的是卡车吗？

颜色不要涂到线外面（不要批评）

画幅漂亮点的！

家长应该说

哇！用了那么多颜色啊！

给我讲讲你的作品，好吗？

画这个很好玩吧。

这边线条细一点，这边粗一点啊。

今天想画什么？

什么也不说。（不知道说什么好时最好闭嘴）

5 浇灌艺术的萌芽

今天你的心情是什么颜色？色彩日记

不同颜色象征不同的感受，尝试把心情和颜色对应起来，并写成色彩日记。（适合 3 岁及以上的儿童）

> 黄色暖暖的，感觉就像心里住了个小太阳。
> ——玛雅（我的女儿）

材料

- 空白笔记本，要内页没有横线的那种
- 各种颜色的蜡笔或马克笔

方法和步骤

1. 先和孩子讲讲色彩和心情的概念。可以说些常见的颜色和心情的对应关系，比如蓝色象征忧伤（或沉静），红色会让人联想到愤怒、激动或是饥饿感，黄色让人觉得温暖和幸福。另外，也要让孩子了解到，每个人对于颜色的感受都可以是特别的，都可以与众不同。淡青色（知更鸟蓝）也许会让他感觉到愉悦，而红色让他觉得躁动不安。那么，怎样引导孩子在不同颜色和不同心情之间建立连接，合理地表达自己的感受呢？你可以这样跟孩子说，"这间房子刷成了黄色，让我的心情好极了"；"知道今天我为什么看起来劲头十足吗？因为穿了件橙色 T 恤啊"；或者说，"看外面灰灰的天，真是阴冷（宁静）"。

2. 接着给孩子介绍一下什么是色彩日记，让他把对于色彩的感受和心情记录在本了里。你和孩子每个人都拥有一本色彩日记本，一起记录心情，是不是不错的主意？

3. 每天睡觉前拿出色彩日记本，轻轻地问孩子一句，"今天你的心情是什么颜色？"或"你想用什么色彩形容这一天呢？"然后，就用那种颜色在本子上画画，要么把一页全涂满，要么随便画点什么，也可以画今天生活中的某个场景——但是记得必须用所选的颜色。整个过程可繁可简，取决于孩子的年龄、技法水平和性格特点。

4. 必要的话，可以用文字补充记录，标明日期。如果你的孩子还不会写字，可以让他来说，你来记；如果他已经会写字，那么还是把这个机会留给孩子吧。只用色彩，没有文字也完全可行。

其他方式

- 每晚入睡之前，让孩子选择一种颜色，把日历上对应的日期涂满。或者做个网格，总共七个格子，对应一周的七天，让孩子每天选一种颜色，把格子涂满。
- 做一个色彩剪贴画来记录心情，用旧杂志、美术纸或者绘画材料创作一件多种介质作品，亦能起到同样效果。
- 在一周，或一个月、一年结束时，和孩子一起翻翻色彩日记，谈谈各自的感受和心情。
- 如果孩子觉得有点困难，或者你习惯一项活动有段暂停时间，只需随意问问他，"心情是怎样的颜色呢"，并鼓励他画点什么来抒发自己的情感，不必一味地强调色彩。

谈论艺术：父母和孩子的心灵对话

朱迪斯·鲁宾

当儿童无法用言语表达他们的情感时，艺术为他们提供了绝佳的自然释放的机会，此时，家长给孩子准备好艺术创作材料是非常必要的。艺术帮助儿童表达甚至宣泄情感，尤其是那些大人们可能不接受的情绪，比如愤怒。此外，艺术还帮助儿童更好地梳理对于外部世界的印象。由此可见，对于儿童情感和认知的正常发展，艺术是至关重要的。

帮助孩子谈论自己的艺术作品是一项富有挑战性的任务，许多变量在其中发挥作用，例如儿童的年龄和语言表达能力。然而，讲讲自己的创作却有助于儿童升华自己的艺术体验，使创作过程更具有成长价值。

很多情况下儿童的交流是非语言沟通，他们能够很好地运用面部表情和肢体语言向成人传递情感信息。实际上，相当一部分儿童的自发性戏剧游戏是不需要语言的参与的。孩子们在用迷你玩偶、娃娃还有木偶等进行游戏或表演的时候，会发出声音，但是语言并非必须。

艺术是儿童与生俱来的能力，它和学说话相同，都有一个发展过程，从杂乱无章到井然有序，从表象绘画阶段到自然主义表现阶段。每个儿童绘画的发展都遵循一定的规律，并且各个发展阶段都是可以预见的，比如从图式阶段到自然主义表现阶段。①

---

① 美国著名的美术教育家罗恩菲尔德把儿童的绘画发展分为六个阶段：涂鸦期（scribble），1-3岁；图式前期（pre-schematic），3-4岁；图式期（schematic），5-6岁；写实主义期（dawning realism），7-9岁；假写实主义期（pseudo realistic），10-13岁；决定期（decision），13-16岁。其中图式期，也称为"表象阶段"。也有其他学者（奥顿）将其划分为涂鸦、图像、人像画、现实主义、自然表现主义五个阶段。——译者注

年幼孩子的画在成人看来经常是非常古怪的，可是他们自己并未觉得有任何不妥，比如"X射线"画① 或者画出来的东西完全不符合实际的大小比例（人比屋子还要大）。同理，孩子对于色彩的选择也不以现实为参照。

我们觉得不合适的地方，往往是成年人的现实世界的投射，成年人的判断。我们觉得合理，在孩子眼里不一定是正确的。

下面我们来看看，跟孩子聊聊他们的作品时，有哪些好的建议呢？

接受孩子所创作的一切

若想更好地了解孩子的艺术渴求，首当其冲要做的就是接受孩子所创作的一切，不管你是否看得懂或有没有完全理解。

不要问"是什么"

对着孩子的涂鸦问"是什么"，他会觉得这个问题毫无意义，虽然有时候为了迁就你的感受，他会给你一个答案。即使对于涂鸦期（1-3岁）的孩子，也不要问这样的问题，他还没有达到为自己的涂鸦命名的阶段。同理，若是孩子创作的时候，已经有了清楚想法，他也明确大人知道他画的是什么，家长再问这样的问题，岂不是打击了孩子的创作积极性？

不要猜测

父母热烈地回应孩子的创作，并很好奇孩子做的到底是什么，这是完全可以理解的。然而主观的猜测，无论是泛泛的（"哦，你画的是房子啊"）还是具体的（"哇，是奶奶的房子啊"），都不是和孩子交谈的最理想方式。原因不言自明，成年人看不懂孩子的画是很自然的事情。

---

① 儿童绘画时，没有空间概念，里面外面都表现出来的绘画。——译者注

89　5 浇灌艺术的萌芽

接纳和鼓励

想让孩子更乐意同你分享他的作品，同时发展他的自尊与自信，还有比无条件接纳和真诚鼓励更好的办法吗？但父母应该明白，如果你总是敷衍了事，告诉孩子他所有的作品都好极了，他渐渐地会对你的褒奖不屑一顾。这并不是说挑剔、批评就一定好，重点是父母对孩子作品的欣赏应该是由衷的，真挚的，发自内心的。

在创作的过程中穿插对话

有的孩子在创作的同时就愿意说说他的感受，谈谈自己在做什么，那么家长就应该全神贯注地倾听，但应避免打扰到孩子的创作。有些父母稀里糊涂地影响到孩子却不自知。

开放性问题

适当的问些开放性的问题是和孩子交流的最理想方式，既给予孩子足够的尊重，家长也能获取有效信息。面对这样的问题，孩子通常会更多地思考自己的创作，并且通过想象，拓展自己的体验。什么是开放性的问题呢？开放性的问题就是没有预设好的答案，也不存在任何暗示和导向（你关于作品的固有观念有可能导致风险），例如，"跟我聊聊你的作品，好吗？"

这样的问题甚至可以开启一个新的创作过程。试想孩子这么答道，"哦，我画的是个人啊"，那么下一步你可以就这个答案做出合乎逻辑的推导和建构，比如说可以继续问他画的是小孩还是大人，男孩还是女孩，这个人多大年龄，诸如此类的问题。还可以问他这个人在想什么呢？之前这个人干吗去了？接下来将要发生什么等等。这样一来，孩子想象力的阀门就打开了，而他，才是真正的向导。

6 保持创意灵感

创造，不仅仅是我的思维方式；创造，更是我存在的方式。

——保罗·桑迪普（知名设计师）

你是初次接触艺术，还是已经在艺术的世界里徜徉了许久，迫切地期冀能获得更多的艺术灵感？无论是前者还是后者，本章都值得一读，它包含许多好的创意，激励你和你的家庭用更艺术的，更新颖的，更独特的方式生活、探索和创造。每一个人都有能力让平淡的日常生活更艺术，烹饪、嬉戏，还有科学，是我们最钟爱的生活艺术形式。仔细琢磨，会发现我们的周围处处都是灵感——其他人，陌生的地方，新的事物给我们启发；书本、网络、艺术家也会带来新的创意；或者干脆出门走走，远足、探险、旅行，也能收获良多，开阔视野，新的点子如泉涌般冒出来，让我们暂时远离一成不变的生活。希望本章的点子能有所助益，能为你的家庭带来快乐。

让每一天都是艺术的

具有"艺术力"的家庭并非得天天都进行艺术活动。还记得我给"艺术力"下的定义吗？具有"艺术力"意味着拥有艺术的气息，充盈着美和创造（这当然离不开"奇思妙想"啦）。只要有意识地选择生活方式，略为留心，你家庭的日常生活也可以充满艺术和创造！幸福地活着，尽自己的最大能力去创造，让存在的每一刻都是快乐的，这难道不是赞美生命的最佳表达方式吗？更何况，在日常生活里糅合一些艺术元

92　第 1 部分　培养孩子成长型思维，

素，也是个良好的过渡，这使整个家庭逐渐地转向专门的艺术创作，同时它也为以后的创造提供灵感。

举例来说，和孩子一起烹饪，并掺入艺术的元素，是最好的开端。我们每天都要吃东西，完全可以利用准备食材，烹饪，做小零食、小点心这些活动，让孩子参与其中，让单调变得有趣，乏味变得艺术化，何乐而不为？自孩童时起，我的母亲就和我一起做"棕熊卷"（泰迪熊形状的面包），我把这个传统一直延续到我女儿身上（详见280页）。我们不仅把面团捏成泰迪熊或其他动物形状，还整出太阳、人脸、怪物和花瓣的造型。做出来的面包，空口吃很美味，也能做成超特别的三明治！泰迪熊形状的花生酱果酱三明治吃起来是不是有趣极了？

其他活动，如音乐、游戏、儿童文学、故事讲述、科学、户外活动以及远足，都是可以开发成更具艺术性的领域。

烹饪的乐趣

和家人一起烹制食物，分享食物不单单满足我们的味蕾，也抚慰了我们的情感和灵魂，并使我们的房间更具有家庭气氛。通过烹饪，父母和孩子一起经历成长中重要的片段，教会他们生活的技能，留下美妙的回忆，当然最美好的无疑是共同体验快乐的时光。

玛雅总是缠着我要和我一起做东西。我现在已经接受她和我一样爱吃甜食这个事实，每次和她烹饪，总归是做点心，只要彼此开心就好。玛雅从蹒跚学步时就会跑过来帮忙，我还记得她第一次动手，把面粉倒在碗里，搅和得到处都是。小女儿达芙妮现在2岁，只要一看见我们要烧东西了，就会立刻自觉围上小围裙，把椅子搬到案板边上，过来凑热闹。不用问，孩子们会把面粉撒得浑身都是，案板上也是，好在我们每次只是做些简单的食物，比如面包、曲奇、汤、冰沙或是淡烤酥饼，所以结果都还不错。

我们从烹饪中获得的乐趣远远地抵消了收拾厨房的麻烦，以及与孩子们一起烹饪所耗费的时间。读者们可别会错意——要是我想尽快地烧好一顿饭，又不想乱七八糟的话，我还是会把她们从厨房轰出去的。可是要是有一整个下午时间无事可做，然后孩子们特别想过把瘾，一起烹饪就是不二选择啦。妙趣横生！而且这个乐趣不会在马芬蛋糕放进烤箱时就戛然而止。孩子们瞪大眼睛，透过烤箱玻璃，观察蛋糕慢慢地涨起来，准备餐具，最后就是品尝自己的劳动果实了！即使有时候我单独做点心，我也会给孩子们留块面团或是馅饼皮，这样她们还是有机会"创作"自己的甜点。达芙妮还小，只能胡乱地揉搓，但她非常享受探索的过程；玛雅会精心地制作些迷你派，或者把面团分成30个小面团，说那是给"小仙女"准备的小饼干。

家长可以购买儿童专用的厨房用具，孩子玩起来更开心。

- 自制或购买儿童围裙。众所周知，孩子们玩"打扮"游戏，服装可是重头戏。另外，围裙很实用，可防止孩子把面粉或其他东西抹到衣服上。
- 适合儿童的烹饪工具。玛雅用得最多的是一只小小的耐高温烤模，用来烤面包和派。形状各异的饼干模子用途也很广泛，可以把饼干、三明治和面团制作成不同形状。小熊形状和星形模子可以用来做香蕉面包或果冻。
- www.forsmallhands.com 销售一种儿童安全刀，切水果和蔬菜很方便，又不用担心伤到孩子。
- 孩子应该拥有自己的烹饪书籍。年龄小一点的孩子我推荐莫莉·卡特森（Mollie Katzen）的《怎样做汤和沙拉》（*Pretend Soup and Salad People*），海量插图，分步骤介绍，清晰明了，简单易懂。翻书看，然后自己决定做什么，孩子们可获得对生活的掌控力，也培养了自主意识。学龄儿童可以看菲欧娜·博德（Fiona Bird）和罗伯特·艾瑞森（Robert Arenson）合著的《儿童烹饪菜谱》（*Kid's Kitchen Recipe Cards*），由英国光脚丫童书社（Barefoot Books）出版。

给孩子分配些家务活，让他们帮着准备晚饭，摆放餐具，做沙拉，在花瓶里插些鲜花或放手让他们装饰餐桌，通过劳动，孩子们获得了荣誉感和拥有感，并意识到自身的重要性（无论是年长年幼，感觉到自己被别人需要，都是非常必要的）。

适合和孩子一起做的食物

- 比萨饼胚
- 水果串
- 三明治或下午茶时吃的小三明治
- 蛋糕（一定要一起装饰）
- 西瓜刻花
- 甜甜圈
- 椒盐脆饼
- 果汁或果汁冰棍
- 淡烤酥饼
- 马芬蛋糕
- 水果冰沙
- 汤

开茶会

　　烘焙好曲奇饼干，准备好小三明治，水果切块，摆盘，茶话会开始啦！可以邀请小朋友，也可以是孩子的毛绒玩具来参加茶会。可别忘记，大家一定要穿上最美的衣服，戴上最漂亮的帽子，盛装出席。将食物摆放在桌子上，或在户外铺张垫子也行。我的女儿特别喜欢躲在屋子的一角，有帘子垂下来的地方开茶会。采一束花，若是能采到可以食用的，例如紫罗兰或旱金莲最好，用来装饰食物。沏一壶花草茶（夏天可以制作阳光茶①），和宾客们一起享用吧。

　　推荐几本有趣的关于茶会的图画书：

- 艾米丽·巴恩斯（Emilie Barnes）与苏·克里斯蒂·帕森斯（Sue Christian Parsons）合著的《让我们开茶会吧：献给小女生的礼物》（*Let's Have a Tea Party: Special Celebrations for Little Girls*），由收获之家图书公司（Harvest

---

　　① 阳光茶，国外的一种泡茶方法，即用冷水泡茶，然后放在户外，让阳光为茶水加温，放置一段时间就可以饮用。——译者注

House Publishers）1997年出版。

- 大卫·库克（David Kirk）著《蜘蛛小姐开茶会》(*Miss Spider's Tea Party*)，由学者出版社（Scholastic Inc.）2007年出版。
- 简·奥康纳（Jane O'Conner）著《小俏妞希希：茶会》[①]（*Fancy Nancy: Tea Parties*），由哈伯·柯林斯（HarperCollins）2009年出版。
- 麦克·斯巴克斯（Michal Sparks）所著《我的第一次茶会》(*My Very First Tea Party*)，收获之家（Harvest House Publishers）于2000年出版。

[①] 小俏妞希希是美国著名的绘本人物，由简·奥康纳于2005年创作，盘踞《纽约时报》畅销书单近100周之久，该绘本已经被翻译成超过20多种语言。——译者注

96　第 1 部分　培养孩子成长型思维，

感恩自然

　　自然，是彩虹的绚烂，是丰富的图案，是多样的纹理和声音的奏鸣。自然，是如此富有生机，它无时无刻不在呼吸，不在变幻——日复一日，春去秋来，岁月更迭。自然是人类灵感永不枯竭的源泉。我们在花园里发现美，在广阔的空间奔跑，自然，让我们对于生命这个主题深深着迷。自然界的生命是如此奇妙，有肃穆庄严的螳螂，有啾鸣的鸟儿，有美丽的花朵（譬如完美对称的百日菊）。我们在艺术创作中融入自然，比如做树叶画、做植物标本簿，或做沙模塑形。下面给大家介绍将自然和艺术有机结合的方法：

> 创造就是在凡俗中发现奇迹。
> ——丹尼尔·帕特里克·莫尼汉

　　如果条件允许，每天都和孩子出去转转。散散步，和孩子共同观察自然界的生命，带上放大镜，观察细微的东西，或用双筒望远镜眺看远物。一边观察，一边收集石头、树叶等天然物品。用收集来的东西装点出一张"季节桌"，也可将它们堆在桌子中央用作绘画的主题，还可以作为"自然剪贴画"的材料。在石头上，树叶上画画亦可，三福记号笔（Sharpie）最好用了。

　　采摘花朵。我们家院子里鲜花盛开的时候，玛雅每天都会采一束。我们把花朵摘下来，放在盛了水的器皿里观赏；把长茎的花插到花瓶中；花瓣还能用来进行各种艺术创作，例如做集光饰品、剪贴画、压花或花冠。

　　和孩子一起种植花草。后院里也好，窗边的小花盆也行，小朋友们非常喜欢播种、等待发芽、浇水、观察植物的成长、采摘这一系列过程。没错，如果孩子年龄尚小，更多时候得家长动手，即便如此，也该种些花草植物。孩子们最青睐的植物莫过于向日葵、南瓜、各种花、小胡萝卜、草莓、甜豌豆和樱桃番茄。想成为更好的小园丁，可以参阅莎朗·洛夫乔伊（Sharon Lovejoy）所著的《儿童园艺》（*Root, Shoots, Buckets & Boots*）一书。

运用天然物品进行艺术创作

- 石头画
- 花瓣印画和树叶印画
- 树叶拓印画
- 观察自然，画自然景色
- 运用天然物品做剪贴画或集光饰品
- 运用天然物品，如石头、树叶或树枝，设计、搭建、组合

玩耍和想象力

怎样让孩子每天从玩耍中获得创造力？其实孩子玩耍的场所、玩具和游戏都可以和艺术结合。我给孩子准备的玩具通常不仅仅新颖独特，而且用途广泛，能激发孩子的想象力（换言之，不要买那些能发声的、吵闹的塑料电子玩具）。如前文所述，我个人偏爱开放性的艺术，在玩具的选择上，我持同样的观点：开放性的玩具，例如积木、玩偶、木偶、球、秋千、汽车、沙箱、扮家家的衣服、供孩子玩耍的长条丝绸，这些玩具经久耐用，并且玩的花样繁多，能充分调动孩子的创造力。父母务必要让孩子有足够时间尽情地玩耍（这也就意味着，不得不压缩预先安排好的活动，比如减少看电视或玩电脑游戏的时间）。

在游戏中激发儿童想象力的艺术活动

- 无论男孩女孩都喜欢玩化妆和角色扮演的游戏。家长可以在箱子或屋子角落摆放些有趣的服装，旧货店买来的也行，再放些玩具首饰、长条丝绸和帽子。
- 游戏是寓教于乐的绝佳机会，纸牌游戏、字谜游戏、桌面游戏和社交类的游戏都能让孩子从中学习并收获乐趣。我们家经常玩的除了比较经典的扑克牌"钓

鱼"和滑倒梯子棋，还有一些新游戏，例如eeBoo①的故事接龙游戏卡，和仙女游戏卡，不仅激发儿童想象力，绘图也极为漂亮。
- 别把孩子惯坏了，总是让你给他找乐子可不行，要让他自己想办法找乐子，哪怕他有时候抱怨无聊。无聊乏味正是开启儿童创造力和想象力阀门的钥匙。

---

① 来自美国纽约的设计团队，设计实用性、美观，兼具教育性的玩具礼品，秉持着100%原创商品，结合欧美童书插画的原创设计图案，创造出独一无二的商品，数度荣获美国"奥本海姆最佳玩具奖"（Oppenheim Best Toy Awards）。——译者注

科学中的艺术

简单的科学小实验能激起孩子强烈的好奇心。自己身处的世界是如何运作的？分子是如何活动的？我们的身体是怎样工作的，和大自然怎样互相影响？这些都是科学。人们通常认为科学是具有教育导向的，但鲜有人知道科学也可以是美丽的，艺术的。通过制作暗夜里发光的黏液，混合颜色，玩棱镜和万花筒，感受视觉错觉，或用手搅和水和淀粉，孩子们会欣喜地发现，科学原来能如此引人入胜，乐趣无穷。获得的乐趣愈多，留存在记忆中的知识也愈多。

科学不是学校的专利！日常生活中进行一些简单的科学活动是很容易的，就像我们进行绘画活动一样简单。

简单易行的科学小实验

牛奶烟花，给雏菊上色，染色冰雕，还有苏打火山是我们最喜欢的科学小实验，艺术性和趣味性兼具，操作也不复杂。

- 杯子里放水，滴入食用色素，然后将雏菊的茎放入水中，观察白色的花瓣慢慢吸收色素，颜色发生改变（跟孩子讲讲植物的毛细管作用，进而扩展到花和树怎样从土壤里吸收水分的知识）。

- 在盘子里倒一层浅浅的牛奶，滴入食用色素或液体水彩。用棉签蘸一点洗洁精，然后轻轻地戳到牛奶的正中位置，这时颜色如烟花一样，四处发散。孩子们一定会爱上这个游戏，你要做好心理准备，他们会一而再再而三地缠着要玩哦。（为什么会这样？因为洗洁精中的分子一端被牛奶中的油脂所吸引，而另一端则被牛奶中的水吸引，这就形成了如同沸腾般，水彩颜色在牛奶表层飞散开的效果。）

- 将水倒入空的牛奶盒中，冻成冰块，取出，在上面撒些盐。然后在冰块上滴一些食用色素或液体颜料，孩子们就可以清楚地看见盐在冰块表面渍出的沟壑。孩子们会了解到盐是可以让冰融化的，而且晶莹剔透的冰如水晶般，美极了！

- 瓶子里装温水，四分之三满，滴入红色颜料。然后再滴入6滴洗洁精，放2茶匙小苏打，接着倒一些白醋。小苏打和醋发生作用，水便如同火山般喷射出来，引得孩子们一片大呼小叫，他们一定会抓着你让你解释其中的奥妙。随便找个罐子瓶子都可以做这个小实验，在瓶子周围捏一圈彩泥（彩泥做法详见274页），做成火山，然后插一些树枝或叶子当作森林，效果更棒。还可以放一些动物小雕像，一个完整的小生态体系就齐备了。

故事、诗歌、儿童文学

儿童文学引领孩子们步入一个奇妙的世界，在这个世界里，语言文字和艺术完美地结合。故事和图画触及人的内心深处，滋养着我们的灵魂，激发想象和灵感。儿童书籍涵盖的种类甚广，有严肃的，有娱乐的；有有教育意义的，还有鼓舞人心的；有有寓意的，有讲笑话的。有些是以剪贴画形式呈现的绘本故事书，可以启发孩子尝试新的艺术方式，比如艾瑞克·卡尔（Eric Carle）的《好饿的毛毛虫》（The Very Hungry Caterpillar）；有些是以刮画形式呈现的故事书，例如贝斯·克罗姆斯（Beth Krommes）和苏珊·玛丽·斯旺森（Susan Maries Swanson）所著的《黑色晚安书》（The House in the Night）；有些是3D立体书，比较具有代表性的如大卫·A.卡特（David A. Carter）所著的《黄色方

> 艺术创造并非是为了满足需要，而是催生出需要。贝多芬没有创作第五交响曲之前，人们并没有觉得需要这样的音乐。现在呢？我们无法想象没有它的生活。
>
> ——路易斯·可汗（美国著名建筑设计师）

块》(Yellow Square),让人有身临其境之感,仿佛走进了现代雕塑美术馆;有些是诗歌类书籍,以语言艺术和心理意象为基点,例如乔伊斯·席德曼(Joyce Sidman)所著的《阿猫阿狗历险记》(Meow Ruff);最后一定要提到插图精美的经典故事童话,之所以称之为经典,因其在世界各地广为流传,经久不衰,深为儿童所喜爱,比如由英国光脚丫童书社(Barefoot Books)出版的,卡特琳·马修(Caitilin Mathews)和奥文·威兰(Olwyn Whelan)所编的公主系列书(The Barefoot Book of Princess)。

除了和孩子一起阅读书籍,家长还可以通过讲故事、创作诗歌和制作故事书的方式,和孩子共同领略语言的神奇。讲故事时,家长不妨摆脱固定故事脚本的束缚,运用自己的想象力和创造力。给孩子讲讲你小时候听的故事未尝不可,或自己创作改编版的《金发姑娘和三只小熊》的故事,和孩子一起发展和改动情节那更好。最后要提一句,如果孩子很享受自己编、自己讲,那么你就洗耳恭听吧。

音乐

音乐是听觉的艺术,若要列举世界上最伟大的艺术家,音乐家绝对占有一席之地。待在家里、开车时,只要揿一个按钮,音乐艺术就会缓缓流入我们的生活。带孩子去听音乐会,要是有朋友是音乐家,就带孩子去听他演奏。改善心情的最好方法,无非是在家里开个即兴的舞蹈派对。唱歌给你的孩子听(即使你不会唱)。邀请孩子和你一起创作音乐。放点节奏感强的音乐,跟着节拍跺跺脚、拍拍手、吹吹口哨,找个盆盆罐罐敲敲,会乐器的跟着演奏,这会让人顿时感觉世界是如此美好。如果音乐对你来说比较棘手,无法掌控,那么考虑一下是否能和孩子一起去上音乐课。通过亲子音乐课程,孩子能接触到音乐,大人也能学习到如何更好地鼓励孩子听音乐。

好多我最喜欢的绘本书其实就是用歌曲做成的书。在此给大家推荐两本书:保罗·O. 泽林斯基(Paul O. Zelinsky)所著的《巴士车轮》(The Wheels on the Bus),和德比·赫特(Debbie Harter)所著的《动物摇摆歌》(Animal Boogie)[①],和孩子边

[①] 《巴士车轮》和《动物摇摆歌》都是美国脍炙人口的童谣。——译者注

唱歌边看图画真是享受。我和孩子们还很喜欢阅读教我们如何创作音乐的书籍，比如阿尔·铂金斯（Al Perkins）和艾瑞克·格尼（Eric Gurney）合著的《小手动起来》（Hand, Hand, Fingers and Thumb），以及朱迪·科克斯（Judy Cox）和艾尔布赖特·布朗（Elbrite Brown）合著的《玩转音乐》（My Family Plays Music）。

艺术探险

在日常生活中添加艺术元素的确可以让家庭生活变得更有乐趣，还能调动孩子们的创造力，只是时间久了，无论大人孩子都难免会觉得有些单调乏味。要想灵感源源不绝，何不做点改变，尝试些新玩意！走出家门，和孩子共同去探索更大更未知的世界吧。你们的艺术探险之旅是如此的多姿多彩：造访艺术馆，去动物园，参观水族馆，逛逛手工艺品展览会，观看街头艺人的表演，去图书馆借阅书籍，还可以报名参加陶艺班或舞蹈班。

下面我将要介绍的内容或许和艺术及创造的关联并非非常密切，然而参考许多艺术家和作者的建议，效果却是很好的。但凡新的体验就可以开阔我们的视野，让我们主动学习，享受学习，并且新素材和新思想也能带来艺术灵感。

我们从我们生存的世界中获取信息，艺术创作是我们加工处理这些信息的方式和途径。反过来，我们获取的所有信息促进了我们艺术力和创造力的成长。如果孩子能以适宜的方式从外界获取信息，怡然自得，那么他所获取的信息愈多，他能运用到生活中和艺术创作中的内容也就愈丰富。

很多时候，我们并不知晓和我们气质相通，引起心灵共鸣的是怎样的东西。所以一旦确定了它就是你和孩子所心仪的，千万不要放弃，要坚持。若孩子热爱海洋，你们可以广泛地了解海洋生物，一同去水族馆，一起划船，一起阅读有关珊瑚的书籍等。虽然无法断定孩子是短暂痴迷，还是可能终身挚爱，家长都应该明白，即

> 若想让孩子与生俱来的好奇心和新奇感不会干涸、枯竭，那么他需要至少一个成年人的陪伴，和他一起重新发现这个世界的美好、悸动和神秘。
> ——蕾切尔·卡森（美国海洋生物家，环保先锋）

使是昙花一现般的兴趣爱好，也会影响到孩子的现在和将来，帮助塑造他们的人生。我们应当给儿童足够多的机会，并且让他知道，在探索兴趣的道路上，我们一直会默默地支持和信任他。随着孩子的成长，他们渐渐能够独立自主地驾驭自己的兴趣爱好，如果父母能担当好的引路人角色，那么孩子们也会表现得更好——他们能通过多种途径，例如艺术、故事、戏剧等探索新的兴趣点。

出游小贴士

第一步，收集此次出行目的地的相关信息，提前做好工作，对馆藏或景点有个整体的概念。留心一下该目的地有没有适合儿童玩耍的活动场所。你的孩子会有哪些感兴趣的点？如果孩子大一点，让他帮助做准备工作，并事先告知你哪些是他特别想看的。如果孩子尚年幼，无法表达观点，那么凭借你对他的了解做出判断。

> 让孩子们拥有属于自己的幸福和快乐，还有比这更美好的童年吗？
> ——塞缪尔·约翰逊（英国作家，诗人）

第二步，收拾行李。出游东西都准备齐整了吗？饮用水、小零食、地图、换洗和适合天气的衣物、手机、速写簿和铅笔、便携艺术箱（详见107页）、照相机、音乐或有声绘本、防晒霜、毛巾、汗巾和面纸，这些都是必备物品。

利用早餐和开车的时间跟孩子讲讲今天要去哪儿，会看到什么，让孩子心里有个准备。问些问题，调动一下孩子的兴趣，让他们也说说自己的想法和期待。

到了目的地之后，安排应灵活机动。要是孩子漫无目的地闲逛，觉得哪里有趣就往哪里走的话，不要介意。打开心门，和孩子共同体验探索新事物所带来的惊喜和乐趣。

游览的过程中需时不时地休息一下，给孩子吃点东西，喝水或去洗手间，尤其是小一点的孩子，休息的频率会更高。

家长应该全身心地投入。提出问题，并且鼓励孩子提出自己的问题。学习固然重要，适当地略过些内容也无可避免，要做到张弛有度。出游的初衷是开阔眼界，启发灵感，大可不必抱着来一次就得全看完、全学好的心态。如果喜欢这个地方，不妨下次再来。

记录出游的经历。画画，写日志，涂鸦，拍照片，拍视频，买明信片或书籍都是很好的记录方式。这些资料就像是备忘录，既能唤起记忆，也能帮助收集和处理信息。

到家后，鼓励孩子用轻松愉快的方式来温习学到的内容，比如画画（"这张图片上是水母。水母会蜇人，所以鱼看见它都躲得远远的。"）；自制书籍（"我做的这本书里的图片都是我剪下来的。"），或聊聊天（"哇哦，你知道抹香鲸比我们的房子还大吗？"）。

一起回顾。和孩子一起坐下来，看看照片、明信片、画、日志或做的小册子。问问孩子们，最难忘的是什么？最喜欢哪张照片？能把照片画出来或写出来吗？做本书怎样？给奶奶写封信，说说这次的经历，好不好？

其他人喜欢（还是不喜欢）这次出游吗？还要再去吗？这次出游有没有让你对某样东西特别感兴趣？去了水族馆有没有觉得不过瘾，还想去看看大海或是乘船游览？到图书馆借本或去书店买本有关黄貂鱼的书，怎么样？上网查查相关知识，问问别人，或下次出游围绕此展开，如何？

便携式艺术箱的准备和使用

便携式艺术箱、艺术篮或活动袋便于携带，放在房间里、院子里皆可，出游时带到车里或在候车室使用也很方便。可以把它放在触手可及的地方以便孩子随时抓用，也可以只放在车上或看医生时用。

可放进便携式艺术箱的东西

- 螺旋装订的素描簿
- 空白的索引卡
- 可水洗马克笔
- 蜡笔或蜡块
- 铅笔或彩色铅笔
- 贴纸
- 空白标签纸
- 彩色珠子和串珠绳
- 小点的绒布板（画板）
- 旅行游戏卡，如奥斯本儿童书籍出版社的《走到哪，玩到哪，益智游戏100》（Usborne's 100 Things for Children to Do on a Trip or Animal Doodles）
- 神奇磁性画板（Magna Doodle 品牌）或手动绘图仪（Etch Sketch）

从书本和艺术家那里汲取灵感

走出家门，参观博物馆，游览动物园，这并非给日常生活注入灵感的唯一方式，我们还可以阅读书籍、浏览网页或去艺术家的工作室看一看。只要拥有一双发现的眼睛，乐于接受，乐于探索，灵感无处不在。

书籍

书本里蕴含了极为丰富的创意，不仅开阔视野，还经常能让我们灵光闪现。书本是人类智慧的结晶，我们从书本里获得知识和信息的同时，视觉感官还会受到刺激。通过读书，我们可以了解其他国家的风土人情；学习烹饪，学习折纸，变得更加彬彬有礼；学习不同的语言，学会用线绳打结；了解中世纪英格兰居住者的生活方式等等。

纸上得来终觉浅，尽管书本无法替代切身的经历和体验（读一本有关法国的书和去一趟巴黎差异很大），但无可否认的是，书籍可以激发我们的想象力和创造力，同时为将来可能会在生活中发生的真实事件做好心理铺垫。设想一下，如果目前没有条件去中国旅行，那读本关于中国的书不是很好么，将来要是有机会去，就不会因为无知而感到惴惴不安。另外，如果我们感兴趣的东西只能通过书本来了解（比如说一千多年前的维京海盗，太空旅行，或是独角兽），那书简直就是无价之宝。再想想看，当窗外小雨簌簌，或是阴郁的冬日，出行成为泡影，还有什么是比书本更好的伙伴呢？

倘若能利用图书馆的资源，那么书本将为我们免费提供心智成长和想象力发展所离不开的营养。即便是买书，和出国旅行以及周末兴趣班相比，价格也相对低廉得多。

网络

互联网简直就像个大金矿，里面藏的全都是好创意。网络上的信息取之不尽，用之不竭，图像、音乐和视频，令人眼花缭乱。从专门性的网站到一些新闻机构的网站，再到社会化的书签网站（例如 twitter）和博客，我们能学的东西太多了，能获得的灵感和创意也是数不胜数。

你可以从博客入手，先从一个博客开始看起（参见书后所附的可用资源），里面会推荐其他的链接，点开看看就会有新的发现。或者看看这个博客的友情链接（包括该博主喜欢的博客，或类似的博客），同样也点开试试。如此发散开，资源会越来越多。浏览网页时可以把自己感兴趣的点子记下，打印出来，或在品趣思（www.pinterest.com）上标记下来。除此之外，YouTube的视频也是应有尽有，音乐、舞蹈和艺术活动教程等，名目繁多。富有创意和智慧的网友是如此令人惊叹，他们愿意和其他人无私分享自己的创意，又令人觉得欣慰和感动。

如果你要搜集的素材是围绕某个主题展开的，例如"印第安人的历史"，去图书馆，那里的工作人员会给你推荐一些具有一定的权威性和可信度的相关网站。

艺术家

了解艺术家，无论是过往的艺术泰斗还是当代的艺术先锋，都是一件充满乐趣的事情，可以激发孩子的艺术潜能，兼具有教育意义。艺术家们的艺术手法千变万化，通过学习不同艺术家的作品，孩子们受到鼓舞，会更乐意尝试不同的艺术创作方法、艺术材料和设计方式。知晓一位艺术家，了解他的一生以及他所生活的年代，孩子在这个过程中，附带学习了历史、宗教、社会科学和自然科学知识。

具体应该怎么做呢？首先，当然是从书本开始。和孩子一起去图书馆、书店、上网或去博物馆获得信息。家长应当根据自己和孩子的性格特点，摸索出适宜的方式。对于你们而言，是从一本简单介绍某位艺术家的儿童普及读物入手呢，还是选择一本描绘艺术家一生小说，抑或是把这位艺术家作品的照片一股脑都摆在桌子上更好？

家长还可以带着孩子一起参加社区的巡回艺术展。大多数的艺术工作室通常一年内都会向公众开放一到两次。孩子们可以观察艺术家的艺术空间和他们的创作，和艺术家面对面交谈，幸运的话，还能亲眼见证他们的创作过程。

美术馆寻宝游戏

寻宝游戏让你们的艺术馆之行更有乐趣。

适合2岁及以上儿童。

材料

- 纸
- 铅笔或其他书写工具
- 照相机或手机（可选）

具体操作

1. 去美术馆之前，和孩子说说你们即将看到的艺术作品——作品的大小、主题、介质、种类以及创作的艺术家。
2. 问问孩子，他认为会看到什么，以及他想看到什么？
3. 根据谈话内容，列出清单，以备和孩子一起寻找，例如：机器人、孩子的画、贝壳、鸟、城堡或红色的圆圈。
4. 把清单记到纸上（让孩子记亦可）。
5. 随身携带清单，参观美术馆时，留意清单上列出的东西。每找到一个，就和孩子讲讲。如果愿意并且美术馆允许的话，还可以拍照作为寻宝游戏的视觉备忘录，以备将来回顾。

蜂鸟、鹅卵石和地图：和孩子一起写诗

苏珊·玛丽·斯旺森

诗歌用美妙的语言编织而成，有别于其他一些我们和孩子共同探索的艺术形式，它既能帮助孩子在学业上有所进步，同时发展了孩子的艺术技能。事实上，诗歌可以和手指画一样，给孩子们带来自由的快感。笔者认为，我们可以通过以下三种视角来看待儿童诗歌的创作：

- 诗歌创作可能是妙手偶得，突如其来地发生，如同花园里飞来一只蜂鸟令人惊喜。
- 诗歌创作也可以是"众里寻他千百度"，如同走在沙滩上，苦心寻找中意的鹅卵石。
- 诗歌创作还可以是"为伊消得人憔悴"，通过不懈观察和审慎的努力实现，如同打开一幅地图，筹划远足。

蜂鸟

著名诗人威廉·斯塔福德 (William Stafford) 说过，"诗，就是灵感的迸发。"或许你和孩子的诗歌创作只需从草草写下有趣的句子就能开始！比如，孩子在厨房说道："天空就像个巨大的罐子"，或"我把我的床弄丢了，怎么办？"把这些句子记下来，一起欣赏，可别小瞧它们，这就是诗歌！

鹅卵石

若父母欲有意识地捕捉孩子的诗歌创作，一个小本子能帮大忙。诗人娜奥米·什哈卜·奈 (Naomi Shihab Nye) 说过，随身携带个小本子，"你的思维和动人的语言将忠诚地伴你左右。"和孩子一起，写下你们挚爱的关于春天的一切；和孩子一起，吹泡泡，写下划过脑海的美丽词语。信不信一个泡泡可以产生如此美妙的诗句："石头如同水一般圆润"，或"这块石头让我想起狗熊的牙齿"。

诗歌的地图

写诗该从何开始呢，其他的诗歌或许能给你启发。

"一闪一闪亮晶晶，

满天都是小星星，

挂在天上放光明，

好像许多小眼睛，

一闪一闪亮晶晶，

满天都是小星星。"

这首由简·泰勒创作的小诗给年幼的诗歌创作者和家长们带来很多启发：它运用了重复的词汇，关乎我们的好奇心，并描绘天空中的美好事物。最最引人入胜之处在于，它是发生于人和星星之间的对话——或许孩子还会和月亮对话，和卡车对话，甚至和仓鼠对话，是不是？

诗歌中还可以运用比喻的修辞手法：

"夜空中

闪亮的星星

是钥匙

打开我的心灵之门"

当然也可以在仔细观察的基础上成诗：

"星星，若隐若现

云朵，四处飘荡

有云的地方，就没有你"

或用提问的方式写诗：

"清晨你去了哪里？

可爱的星星，你到底去了哪里？"

家长去图书馆可以找到很多诗歌，这些诗歌就像地图一样，供孩子参照和模仿。不过，找儿童诗歌的书籍颇费点气力，记好了，在图书馆的非虚构类文学作品那里找，笑话和谜语边上就是儿童诗歌了。在此我给大家推荐几本书。首先是简·约伦（Jane Yolen）和安德鲁·弗斯科·比德斯（Andrew Fusek Peters）编纂的诗集《小诗》（Here's a Little Poem）和《月关灯》（Switching on the Moon），由灯芯（Candlewick Books）出版社出版。除此之外，李·贝纳特·霍普金斯(Lee Bennett Hopkins)编辑了一些特别适合儿童的诗集，其中包括《惊喜》（Surprise）和《天气》（Weather），由哈伯·柯林斯出版社发行，大家可以购买平装本。

事实上，许多绘本书籍里的语言非常优美，可以称得上是美妙的诗歌。最具有代表性的例子即《晚安，月亮》（Goodnight，Moon）。由黛博拉·安德伍德（Deborah Underwood）所著的两本书，最近刚刚由霍顿·米福林公司（Houghton Mifflin）出版，也是诗画结合的典型，分别是《安静书》（The Quiet Book）和《吵闹书》（The Loud Book）。

除了诗歌，家长还可以和孩子探索其他的语言游戏。比如，用不同的方式（铅笔、马克笔或用电脑）记录下想法，鼓励孩子同你一起记录，鼓励他们自己造词。写在长长的纸条、小册子或纸盘上，孩子会觉得更有趣。写下一列词，用剪刀剪下来，打乱，再贴到纸上，也很有趣。

还可以让孩子给一位特别的读者写首诗。他或许会给另外一个孩子创作独一无二的晚安诗，或是给自己的朋友自创一首新版的《拥抱我的甜心》[1]。给别人写生日卡片的时候，来一首关于蒲公英或机器人的小诗是不是也不错？

诗歌，让我们深刻地体会拥有语言和使用语言的愉悦，并记载下生活的点点滴滴。孩子手里的笔，有如一根神奇的魔法棒，或者如一根鱼竿或是手电筒……

---

[1] 是美国一首脍炙人口的儿童歌谣，经常在跳方块舞时歌唱。——译者注

7 艺术作品的保存、展示和分享

一幅作品所呈现的世界就是艺术家的意识与情感的世界。

——汉斯·霍夫曼《抽象表现主义艺术家》

儿童的创作能力非常旺盛，作品一幅接着一幅，常常令父母应接不暇，又茫然失措。即使是那些在家不怎么画画的孩子，光是从托儿所或幼儿园带回来的作品也足以让父母头疼。这些作品应该如何处理呢？有的父母把作品直接扔掉了，因为他们一不知道该如何处理，二没有意识到其中的价值。有的父母等到孩子的绘画进入写实主义时期，才会保存他们的作品，往往忽略了涂鸦和抽象作品的艺术与价值。究竟该如何是好呢？

作品的保存：令人头疼的难题

我最开始把女儿的所有作品都保存下来，哪怕只是她在纸上留下的一个记号，但很快我就发现，这样做非常不现实且不可取。女儿的作品实在是数量惊人，其中还有很多是飞快的胡写乱画——几分钟时间，她就能画好多张。现在我的做法是将她们的作品（挂在墙上的以及和朋友家长分享的作品除外）存放在带盖的塑料整理箱里，贴上标签，注明姓名和年龄，一个箱子大约可以收纳两三年的画作。有空时拿出来理一理，过一段时间，半年或一年，把决定继续收藏的画留下来，其他的则扔掉。提醒大

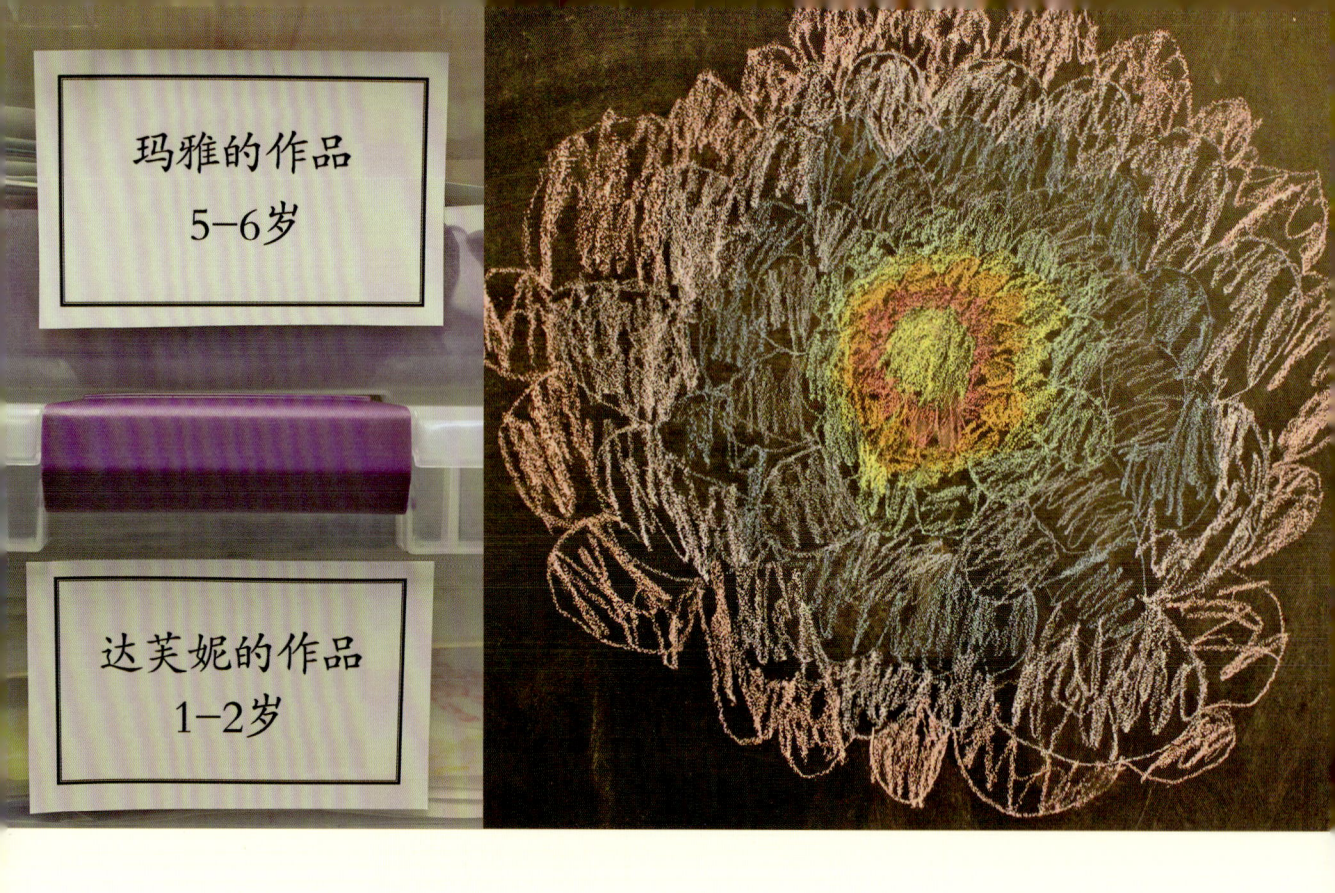

家：孩子每画好一张画，应立刻标注孩子的姓名和创作日期，比如：戴斯蒙德，2013年7月某日，以防将来遗忘创作时间。

有些父母把孩子创作的一切都保存下来，你也可以效仿。不过多数的父母保存的是他们觉得最好和最有意思的作品。我一般会保存孩子在不同艺术发展阶段创作的具有代表性的作品——第一次画的圆圈，第一次画的曼陀罗形状，或第一次画的人脸。我建议最好趁孩子不在的时候进行分类整理，以避免混乱。随着孩子年龄渐长，他们也可以参与到这个环节中来，问问他们的想法，想保留那些画作，哪些他们还想再次利用，哪些可以扔掉。

除了塑料整理箱，还有许多其他的存储工具。比如大尺寸的文件夹（存放大尺寸的画作），或自己用海报纸板、带子和包装胶带做一个简易文件夹。里尔·达芬奇（L'il Davinci）品牌有种作品展示框，可以陈列作品，也可以存储作品，最多能盛放一百张画作。抽屉和文件柜也大有用武之地。有的家长用纸质的购物袋或纸板箱存放作品，但是由于材料里含有酸性物质，画作很容易泛黄受损，所以长久来看并不是理想的存储工具。

另外一个办法是给孩子的作品拍照，然后保存到电脑或移动存储工具中。对于某些艺术形式，比如短暂艺术（又称"消失性艺术"，例如雪雕或大地艺术[①]），雕塑（例如纸浆做的火山、牙签和棉花糖做的雕塑），还有那些无法保存的艺术作品（窗户上的画、浴室画、粉笔画和绳索艺术作品），拍照无疑是最佳保存方案。用照相机记录下作品，小艺术家在其中出现最好，不出现亦可，都是美好的回忆。

将拍摄的照片做成一本书，易于回顾且方便欣赏。想象一下，全家人一起，轻轻地翻开书，共同温习优美的创作和记忆，这场景是不是特别温馨？

有很多网站能帮助大家把照片制作成书本、日历或其他纪念物品（具体参见本书所附的可用资源部分）。只需把照片上传至你所选中的网站，该网站所提供的软件就能制作各式各样的纪念物品，鼠标、马克杯等。简笔画、水彩画、剪贴画，以及三维艺术作品或短暂艺术作品都可以拍成照片，制作成纪念物品。拍照还有一个好处，即超大尺寸的画作和小尺寸的画作可以并列，还能同孩子创作时拍的照片一起，制成纪念品。如果你觉得自己制作比较劳神费力，可以直接把孩子的作品寄至提供此项服务的专门机构，如 SouvenarteBooks，他们会提供全套服务，从扫描作品直到成书。

艺术作品的展示

孩子的作品给父母带来极大的欣喜，他们殷切地希望同别人分享艺术和自己的喜悦之情，把作品裱起来挂在墙上或贴在冰箱上，这样大家都能看见。我会时不时地替换画框里孩子的作品。我们家墙上挂的有照片，有孩子的画，也有其他的装饰，混杂在一起。有时候我干脆把画直接挂到墙上，在我看来，有没有框并无大碍，而且那些在海报纸板 [2 英尺（约 61 厘米）长，3 英尺（约 92 厘米）宽] 或屠夫纸上做的画，

[①] 一种室外环境艺术，将最简单的材料和自然成分，如泥土、水等毫无目的地混合，以便观察自然本真的状态。——译者注

118　第1部分　培养孩子成长型思维，

尺寸太大，压根没有合适的画框。这个临时解决方案孩子们颇为满意——过一段时间，我们会把旧画取下来，挂上新的作品。伸展画布上创作的画也可以这么处理。

我们家的画框什么样的都有，就像个大杂烩：有些是赶着艺术用品店打折时候买的，有些是在二手店铺购置的，还有的是别人给的。亚克力材质的画框很不错，首先价格适中，看起来具有现代感，并且更换作品非常方便，所以很受欢迎。在二手店铺可以买到传统的老式木质画框，买回来之后重新刷漆，就像新的一样了。你还可以在艺术用品店购买半成品画框，自己用颜料或剪贴画装饰一下，也很合用。

> 你独一无二而来，那就不要成为别人的副本而离开。
> ——约翰·梅森（美国陶瓷艺术家）

艺术展示绳能够让你拥有一个简易但却永不需更换的画廊。墙上打几个孔，装上钩眼螺丝，牵条绳子，挂上孩子的作品，简单便捷，换起画来也很方便。展示绳工具套装在宜家和儿童陶艺坊（Pottery Barn Kids）也可以买到，这种方法的最大好处就是画好的画当即就能挂起来展示。当然，展示的种类并不局限于孩子的作品，照片、剪报、杂志、信、生日卡片、树叶和其他的小装饰都可以挂起来，非常漂亮。

冰箱位置较为显眼，也是很好的展示架，而且即使孩子也够得到，拿几个磁性冰箱贴固定住就好了，简单方便。

如果你们家的小小艺术家最近特别多产，很为自己的创作能力感到骄傲，何不邀请他的朋友们来参加一个家庭艺术展示会呢？把孩子最近的艺术作品悬挂起来，客厅啊，其他房间啊挂一些，有没有画框也无妨，不过记得给每幅贴上标签，美术馆的那种标签，标明作品的名称，作者的名字和所用的材料。邀请小朋友的时候附上一张孩子用自己最喜欢的作品制作的邀请卡，并说明展示会的具体情况，显得更有诚意。

需要提醒是，展示孩子的作品时应考虑到儿童的身高，高度最好与孩子的视线齐平，如果总是把画作挂得太高，孩子就无法好好欣赏。准备好美味的果汁和小零食，放些优美的音乐，让小朋友们一边吃，一边接受艺术的熏陶。小客人们也可以参与到艺术创作中，家长可设计些适合集体参与的互动性艺术活动，比如杰克逊·波洛克的飞溅画（详见202页），得令游戏画（详见252页）或音乐椅子画（详见262页）。

艺术作品的分享

和别人分享孩子的艺术创作这个办法也很棒！给亲戚朋友们寄去些孩子的作品，家里自然就不会画纸堆积如山啦。我的女儿玛雅经常刚提起笔来，就已经想好要把它送给谁了。有时候是送给家里人，有时候送给亲戚，姨妈啊奶奶啊朋友啊，还可以送给邻居。写好小纸条，和孩子的作品一起放到信封里，寄出即可。虽然我们会觉得家里的画简直是泛滥成灾，可是亲戚朋友也许不这么想，他们可能会非常乐意收到这样的礼物，并开心地挂起来。我们家常备信封，普通的和大一些的［9英寸（约23厘米）

请画上人物

亲爱的奶奶，

　　寄给你一张我画的汽车，请你在车里画上人物，再给我寄回来。

爱你的琼

长，12英寸（约30厘米）宽］马尼拉纸①做的信封。最近我还特意给玛雅准备了些地址标签，标注有我们家的地址和她经常联系人的地址——奶奶、外婆、姨妈和叔叔、朋友和笔友。这样，她想寄给谁只要将标签贴到信封上即可。

　　孩子收到别人寄来的作品（当然，还有信）同样很开心。有时候爷爷奶奶们不会主动给孩子写信或者寄他们自己创作的作品，我们应该多多鼓励才是。记得我小时候，经常把没有画完整的画寄给奶奶，嘱咐她补全再寄回来。有一次我画了一辆汽车寄给奶奶，奶奶在车里面画了一大家子人还有宠物又寄回给我——祖孙俩通过画画进行的交流多么美妙啊。我的奶奶是位艺术家，对于孩子来说，有位艺术经验丰富的长辈的确是个优势，不过我觉得这并不是最重要的，其精髓在于两者之间的沟通。

　　你也可以开启一次绘画之旅。你的孩子可以画一个图形，或者用一小块剪贴作为一幅画的开端，然后把它寄给家庭成员或朋友，请他在这幅画上添加内容再寄给别人。如此不断传递直到完成并寄回给孩子。

　　孩子也可以和年龄相仿的笔友写信交流，互寄画作。特别是不会写字的孩子，可

---

①　一种用来做信封的很结实的棕色纸。——译者注

以通过寄画和小伙伴进行交流。直接寄画，或者父母把他们想说的话记下来和画一起寄出去也行。一旦学会了写字，孩子们更愿意附带上自己写的简单的祝福和问候。你的孩子有没有表兄妹恰好对艺术也很感兴趣？或者你的朋友家有没有孩子跟你的孩子爱好相同？另外，家长还可以通过专门的官方组织帮助孩子找到笔友（收费项目），例如 www.penpalkidsclub.com 和 www.amazing-kids.org。

通过手工制作明信片和个性信封，也能和朋友们分享艺术。孩子在创作之前可以预先想好，这幅画是用来做明信片的；也可以把以前的作品重新利用一下。首先找一些厚纸上画的作品，比如水彩画纸或海报纸板。然后拿一张明信片做母版，将作品剪成合适的大小，贴上去。当然，在明信片大小的卡片上直接创作亦可。做好的明信片攒成一小摞，就可以简单地附上留言和祝福寄出去了，或用丝带扎好，作为礼物送给亲朋好友。

好啦，现在孩子的作品就像长了翅膀一样，飞到世界的各个角落，是不是想想都觉得幸福呢？

作品的再利用

旧的作品稍作改动即可重新利用，具体方法很多。可以做成包装纸、季节性的装饰物、手工书或剪贴画。要是认为艺术作品仅仅是用来挂在墙上或冰箱上的，那就大错特错了。

让孩子参与到这个过程中，一起动手，让作品"旧貌换新颜"，要尊重他们的想法和意愿——问问孩子愿不愿意把他的画做成手工书，并让他自己挑选作品。如果要去参加生日会，让孩子自己挑一幅画作为礼物的包装纸。最简单的就是问一句，"亲爱的，你这幅画的色彩真是太美了，你愿意用它来包装给苏西的礼物吗？"或者说"你是愿意给亨利现画一张贺卡呢？还是挑选以前的画做一张？"如此一来，孩子会觉得从出谋划策、挑选作品到再加工，每一步自己都拥有决定权，创作和情感都得到了父母的尊重。

下面给大家介绍几种作品再利用的方法：

- 包装纸。大尺寸的画，比如在画架纸上画的画，非常适合用作包装纸。
- 装饰物。画作，尤其是抽象类画作特别适合用作家庭的季节性装饰物。将已有的作品剪出心形、五角星形，然后用打孔机在顶端打孔，串起来做成风铃或花环。也可以做成拉纸娃娃（其他造型，鸟、雪人、花亦可）。将画剪成许多个三角形，粘到丝带上，可做成节日花环（详见125页），开派对时候用得上。或者把画裁成均匀的细长条，两头粘好或订好，做成五彩缤纷的纸环。各式各样的装饰物都可以做！
- 手风琴书。选一张较大的画，竖着对折，然后将中线两边部分继续竖对折为四分之一，然后对折至八分之一，折的次数不同，书的大小亦会有差别。接着找些漂亮的包装盒子，剪下来，粘在两头作为书的封面和封底，让孩子在里面写个故事，手风琴书就做好了。

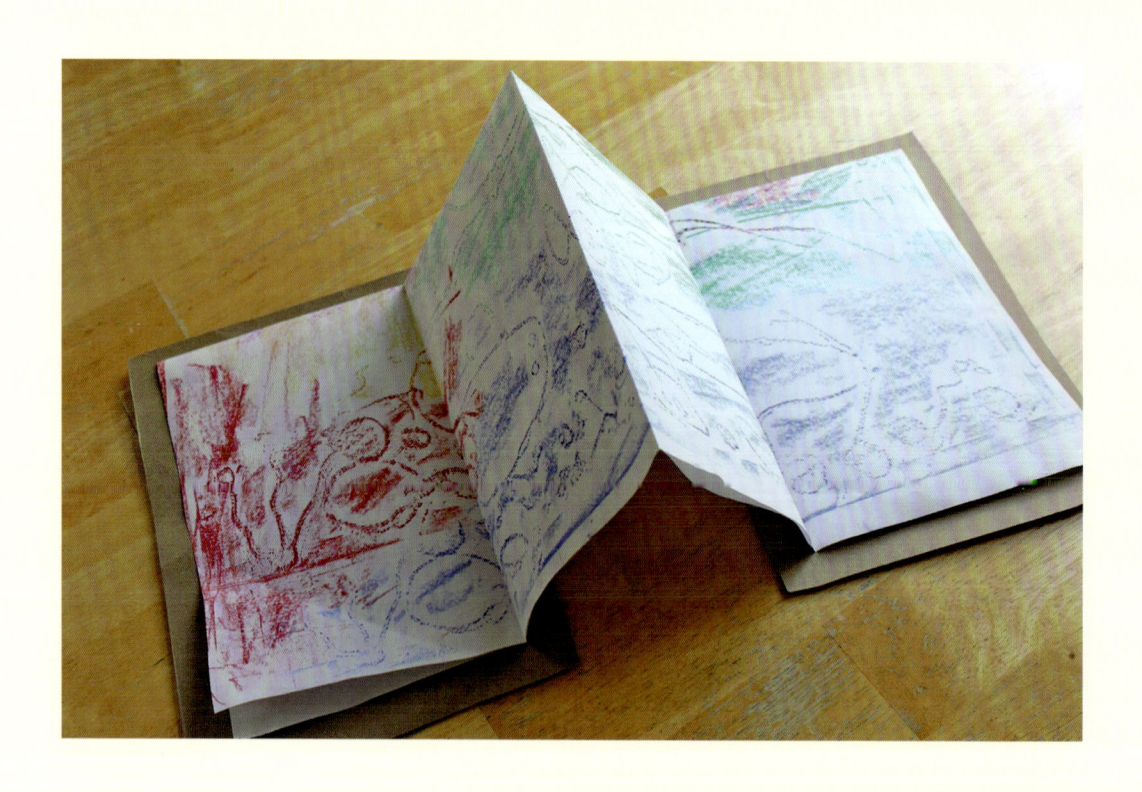

- 剪贴画。将以前的作品撕开或是剪成小片，抹上胶水，贴到纸上或纸卡上，创作新的剪贴画。
- 装饰便笺卡。参照便笺卡的尺寸，把画分割成小块，贴到便笺卡的空白处，起到装饰作用。
- 信封。用现成的信封做模板，将纸质作品剪裁成同样大小做成信封（见126页）。

节日花环的制作（无须缝制）

下面要介绍的这种节日花环，就算你不会针线活也能完成，用来做生日派对或节日装饰，很有气氛，平时一样派得上用场。

适合5岁及以上的儿童

材料

- 卡纸
- 笔
- 色彩丰富的图画（孩子画的，旧书或是挂历里的）
- 剪刀
- 丝带
- 热胶枪

方法

1. 将卡纸剪成三角形，用作母版。
2. 把母版盖在图画上，用笔沿边画出同样大小的三角形。
3. 剪出三角形。
4. 重复以上步骤，剪出多个三角形，排列好。
5. 剪一段丝带，长度比排列好的三角形略长些，两头放一些，以便悬挂时打结。
6. 用热胶枪在第一个三角形的上方边缘喷一条细细的胶带，粘到丝带上，重复同样操作，全部粘好。

7. 挂起来，搞定，全家一起欣赏吧。

艺术信封

利用现有的作品制作艺术信封。

适合 4 岁及以上儿童。

材料

- 信封（用来做母版，大小自己决定）
- 画（纸质的艺术作品）
- 马克笔或钢笔
- 剪刀
- 胶棒或透明胶

方法

1. 小心地将信封的各个封口拆开，然后展开放平。
2. 把展开的信封盖到作品上没有图画的那一面，沿边线画出同样大小。
3. 用剪刀剪下来。
4. 将剪下来的画按照信封原来的折叠方法折叠好。
5. 在封口边缘涂上固体胶，然后粘好，但是记得最上面的封口不要粘。透明胶亦可。
6. 根据图画的颜色深浅，决定是用笔书写地址还是贴地址标签。
7. 将信放到信封里，最上面的封口粘好。
8. 已经拆开的信封母版可以保存，留着将来做信封时候再用。

其他方法

- 可以用杂志或挂历里的图片制作个性信封。
- 可以将做信封剩下来的画剪成块，贴到纸卡上（或者一张折叠的纸上），做成和信封配套的卡片。

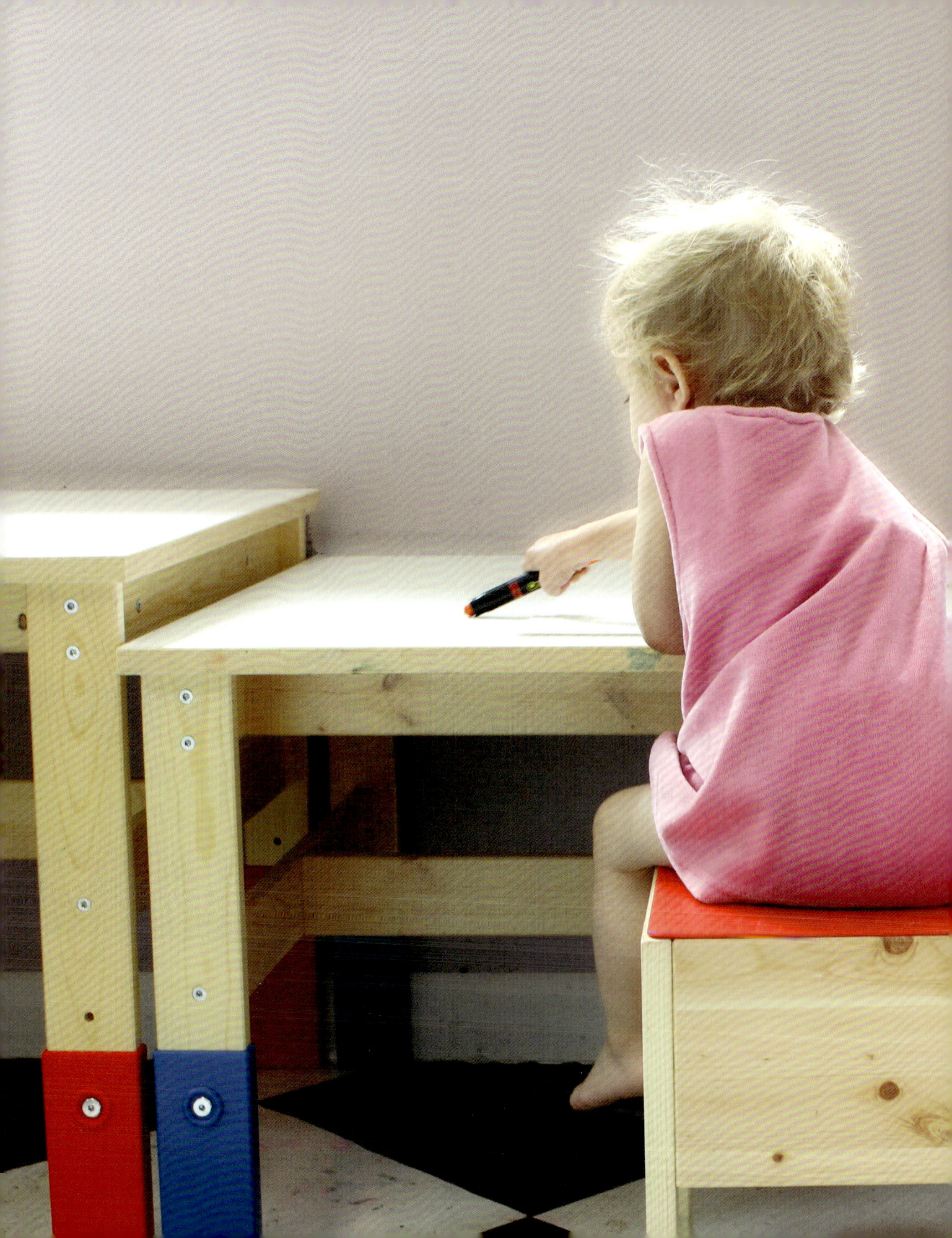

第 2 部分 | 艺术活动

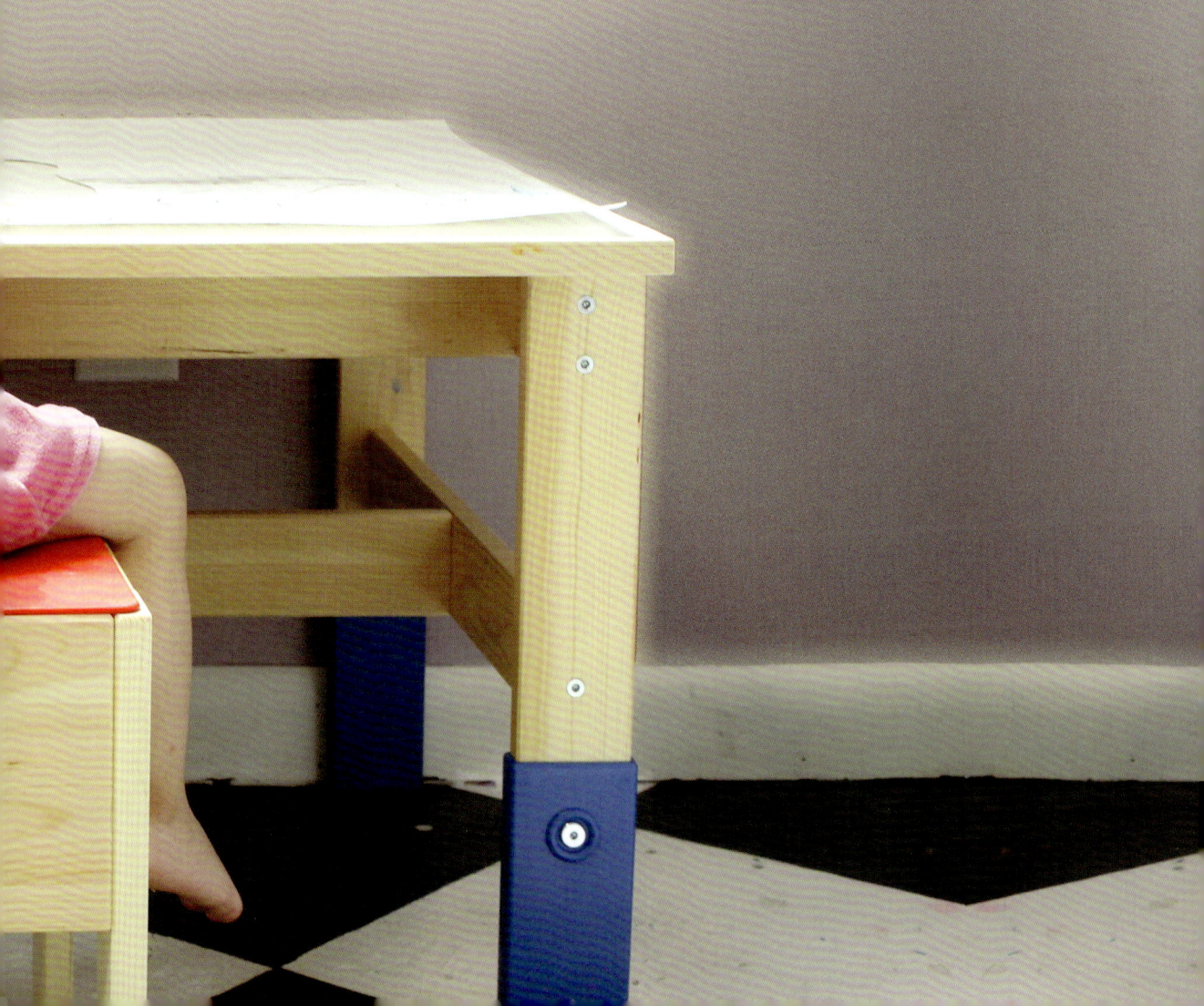

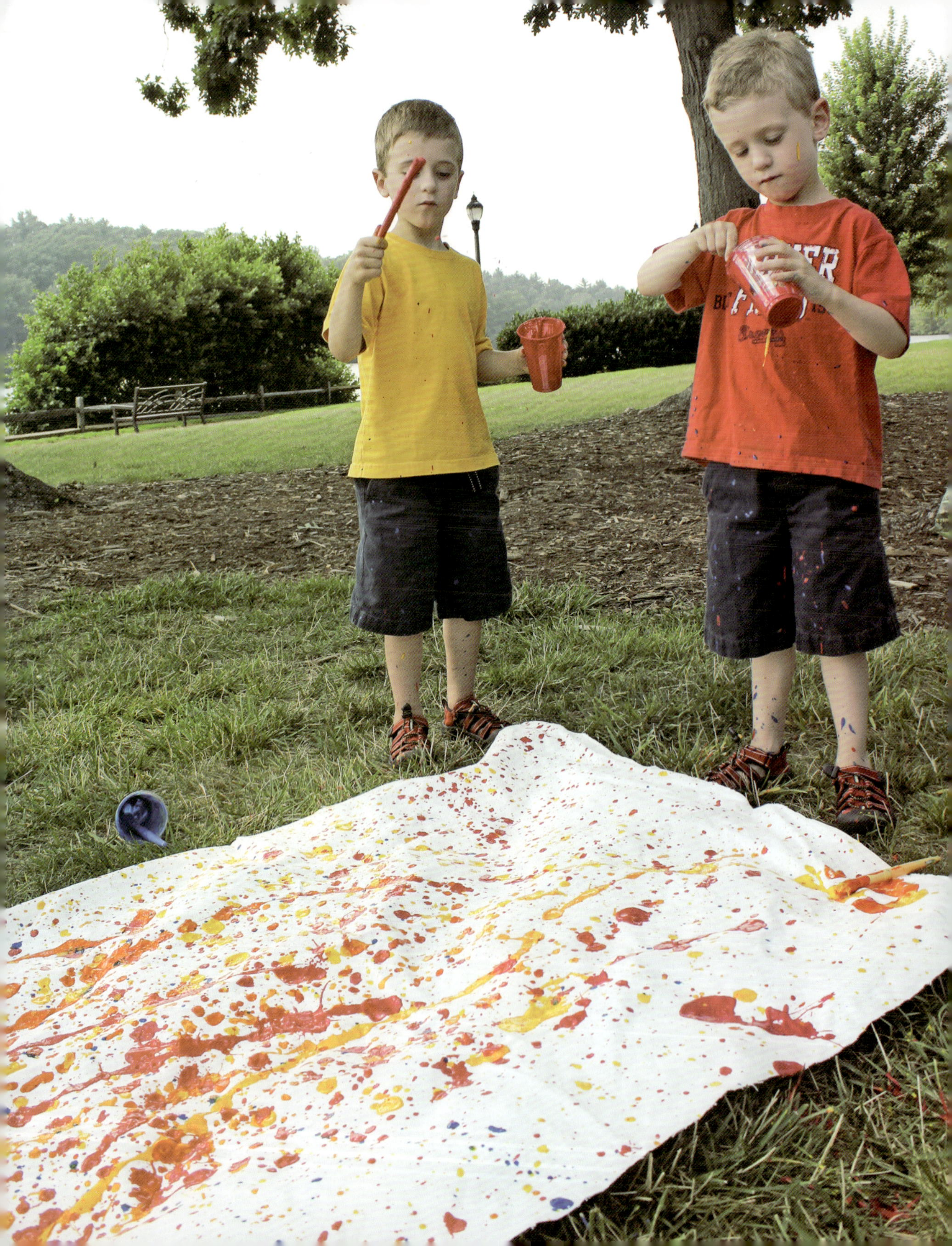

8 初入艺术之门

孩子的头脑不是等待填满的容器，而是需要点燃的火把。

——多萝西娅·布兰德（作家）

要将孩子慢慢引入艺术的世界，我们首先需要通过简单的艺术活动使他们感受到创作的乐趣，获得成就感。对于学步期的孩子以及首次接触艺术的家庭，合理地选择适当的艺术活动非常重要。这一章我将给读者朋友们介绍几种简单易行，特别受到儿童欢迎的艺术活动。另外，我还会提到我的女儿最喜爱的几种艺术活动，这些活动她们都是百玩不厌。举例来说，拓印画、涂鸦挑战画和盐渍颜料画是我们家玩得最多的，也是我组建的儿童艺术小组最主要的游戏种类。

本章列出的第一种活动，用黏胶膜制作阳光采集器，孩子们玩过许多次，只是每次细节上略有不同。比如，每次使用不同的艺术材料，或采集器的支架有些许差异，有二维的，也有三维的。每逢节日，我们就会制作阳光采集器来庆祝，把屋子装饰得格外有节日气氛。

本章的标题虽然是"初入艺术之门"，你可千万别误以为这些活动只能开始玩一次而已。我由衷地希望我所介绍的这些艺术活动，你和你的孩子也会喜欢！

艺术活动 1　黏胶膜制作阳光采集器

用简单的材料制作美丽的阳光采集器。

适合 1 岁半及以上儿童。

材料

- 彩色皱纹纸
- 剪刀
- 透明的黏胶膜（或厨房防油贴膜）
- 羽毛，花瓣，天然物品和丝带（可选）
- 胶带

步骤

1. 将彩色皱纹纸撕成或剪成小块。
2. 将黏胶膜裁成方形，或根据自己需要裁成其他形状。这是阳光采集器的基底材料。

3. 将黏胶膜有胶的那一面向上,放在桌上。背面贴上胶带(悬挂时用)。
4. 把黏胶膜的表层保护膜撕掉,使胶面裸露。
5. 将彩色的皱纹纸片放到黏胶膜的胶面,粘好。可根据个人喜好,粘贴其他种类的天然物品,羽毛、花瓣、丝带等皆可。
6. 将所要粘贴的物品粘好,直至满意。另裁一张同样形状和大小的黏胶膜。同样,把表面保护膜撕掉,使胶面裸露,然后把两张布的胶面对紧,黏合。
7. 修整边角,可根据喜好,再贴一层透明胶带保护膜。
8. 悬挂在窗玻璃上,让太阳光透过色彩缤纷的采集器,即可。

其他形式

- 将纸盘中心挖空,贴上透明膜,也可以制作阳光采集器。
- 还可以根据季节制作应季的阳光采集器:春天和夏天用花瓣制作;秋天用美丽的树叶制作。
- 用黏胶膜制作阳光采集器时,可以换种做法。将黏胶膜用胶带固定在窗户上,有胶的那面背对玻璃,然后贴上装饰物品,这样羽毛啊,彩纸啊就是立体的了。
- 可以先在透明的黏胶塑料膜上画画,画好轮廓,然后贴上不同颜色的皱纹纸。

艺术活动 2 | 涂鸦挑战画

脑袋转起来，赶紧来玩玩涂鸦挑战画游戏吧，可以一对一，一家人或几个人玩也不错。

适合 3 岁及以上儿童。

材料

- 画纸
- 钢笔，蜡笔，或者马克笔
- 计时器或沙漏（可选）

步骤

1. 每个人拿一张画纸,用笔随意画出抽象的图案。
2. 每个人将自己的画传给左手边的那个人(或者随意交换)。
3. 将定时器定时,预设好时间,比如 2 分钟或 3 分钟。
4. 每个人接过别人的画之后,必须在此基础上继续创作,完成作品。例如,抽象图案让你觉得像鱼,你可以画海洋或一只鱼缸。如果孩子觉得图案让他联想到云朵,他可以补上天空或者山脉。小一点的孩子可以继续用抽象图案补全作品,添上颜色也行。
5. 时间一到,大家放下笔,互相分享完成的作品。

艺术活动 3 | 描身画

这项活动可以调动孩子对于自己身体的主动探索和思考，帮助孩子认识自己。

适合 2 岁及以上儿童。

材料

- 大尺寸的纸张，比如装修用的防护纸、屠夫纸，或是将两张画架纸粘起来，拼成一大张纸
- 胶带
- 马克笔
- 蛋彩颜料
- 画刷

步骤

1. 用胶带把纸固定在地板上。
2. 让孩子躺在纸上，手脚摊开，随意摆出搞怪的姿势（跳跃、舞蹈或飞翔）。
3. 用马克笔将孩子的身体轮廓描出来。

4. 请孩子在轮廓里画上五官，设计图案，涂色。

5. 待墨迹干后，挂在墙上。

其他形式

- 给孩子一些零碎布料和胶水，让他为自己的身体轮廓"穿上"衣服。
- 给孩子一些材料当作印章，比如海绵、外包装用的气泡膜、网兜或者一团纸。让孩子把印章沾满墨水或颜料，在纸上印出不同的纹理和图案。
- 问问孩子是否愿意自己画上五官（眼睛、鼻子或耳朵），甚至内脏或组织（心脏、肺或血管）。要提前和孩子一起读本关于人体结构的书，例如《我的身体奥秘大发现》（*See Inside Your body*），由凯蒂·戴恩斯（Katie Daynes）和科林·金（Colin King）合著，尤斯伯恩出版社（Usborne Books）2006年出版。

艺术活动 4 ｜ 日常材料创作印章画

利用生活中随处可见的各式用品，创作出纹理和图案丰富多样的作品。

适合 1 岁半及以上的儿童

材料

- 重磅纸或纸卡
- 蛋彩颜料
- 日常用品，例如：
  - 线轴
  - 水果（柠檬、阳桃、草莓、苹果），切成两半
  - 蔬菜（西蓝花、花菜或洋葱），切成两半
- 厨房用具（土豆捣泥器、叉子、打蛋器或饼干切割模）
- 搓成团的铝箔、纸或塑料包装纸
- 泡沫包装
- 不同材质和织法的织物
- 人造海绵、天然海绵或清洁球

- 树叶、草、树枝或花朵
- 带网眼的杯垫、碗垫、桌巾
- 手、脚或鞋子
- 玩具（乐高积木、万能工匠积木、人偶、汽车，或动物小雕像）
- 彩泥或黏土
- 棉纱线、绳子或意大利面
- 任何你能想到的并愿意尝试的东西

步骤

1. 将纸摊开，印章工具摆放好。将颜料倒入浅碟中，或者自己制作一个临时印台。将海绵或小块毛巾放入浅碟中，倒入颜料，薄薄的一层，让海绵（毛巾）吸满颜料。
2. 拿一个印章工具，在颜料里蘸一下，或在印台上按一下，然后用力在纸上压按，按出印子。将印章拿起。
3. 使用不同的印章工具，重复步骤2即可（制作好后，随即晾干）。

其他形式

- 根据个人喜好，可将一张大的纸卡划分成几个区域，画上标记，然后根据分类，在不同区域用不用的印章创作。

艺术活动 5 | 盐渍颜料画：观察颜料的运动轨迹

在胶水上撒上盐，让孩子观察颜料如何在盐中游弋，仿佛魔法世界！画晾干以后，闪闪发光，晶莹剔透，色彩斑斓，美极了。

适合 2 岁及以上儿童。

材料

- 盐（一到两瓶价格较为低廉的盐）
- 带边的大烤盘或艺术盘
- 卡纸、广告纸板或重磅水彩画用纸
- 白胶水一瓶
- 水彩颜料（液体水彩最好，无论是预混合型的还是管装的需要自己调水的都行）
- 画刷

步骤

1. 在烤盘中倒入薄薄的一层盐。
2. 在卡纸上用白胶水画出图案。
3. 将卡纸放入烤盘中。挖一勺盐,洒在胶水上,最好撒厚点。将纸卡拿起,多余的盐抖到烤盘中。重复这个步骤,直到所有的白胶都被盐所覆盖。
4. 画刷蘸颜料,刷头轻轻点到盐所覆盖的白胶上。仔细观察颜料在盐粒中游弋。不同的地方可使用不同的颜色,直到所有的白胶图案都覆上颜色。
5. 晾干(需要两到三天)。

注意

◆ 即使家长告知孩子应该用画刷头部轻轻地点,小点的孩子仍旧会用整个画笔上色或刷蹭,把盐和颜料给刮开,这是正常的现象。如果家长能够经常带孩子进行这项活动,那么等孩子大一点,他就会自觉地调整画画方式,用画刷轻轻地扫或点,并深深地痴迷于自己所创造的,颜料在盐粒中游弋的美丽景象。

艺术活动 6 | 用天然材料编织彩虹：色彩大合唱

采摘五颜六色的花瓣，仿佛天上的彩虹，用小手调配出和花朵一致的颜色。利用三原色（红、黄、蓝）调配出二次色（橙、紫和绿）。白色和任意一种色彩混合，都能够调配出淡一些的颜色。

适合 3 岁及以上儿童。

材料

- 花朵或其他物品，要求颜色丰富
- 蛋彩颜料，红色、黄色、蓝色和白色
- 盛颜料的杯子——盛放三原色的颜料和调配出的二次色（松饼模子也行）
- 勺子
- 画刷
- 重磅纸，广告纸板或卡纸

步骤

1. 和孩子去户外寻找花朵,可以是彩虹的七种颜色,也可以随意找几种不同颜色。将花朵放置在家里的艺术空间。如果是冬天,可以去花店买一束花,或找些其他色彩丰富的材料替代,例如各色小汽车模型、彩色铅笔或彩色弹力球。
2. 将红色、黄色、蓝色和白色的颜料分别倒入杯中,一两英寸(约2.5~5厘米)那么深即可。每个杯中放一个勺子。
3. 用勺子将颜料盛到空杯子里(专门用来混色的)。鼓励孩子混合两种甚至更多种类的颜料,使颜色最接近花的色彩,例如红色和黄色混出橙色,红色和粉色混出粉红色。
4. 将调配出的颜色涂在纸上,对比一下。
5. 如果孩子对自己所调的颜色很满意,那么鼓励他用这种色彩画幅画。

艺术活动 7 | 树脂玻璃拓印画

树脂玻璃拓印画极具简单,并且孩子每次都能获得不同的收获。
适合 2 岁及以上儿童。

材料

- 蛋彩颜料一种或多种颜色
- 浅盘,用来盛颜料
- 涂料滚或海绵刷
- 亚克力(树脂玻璃)的盒形架或底面
- 光滑的烤盘
- 棉签
- 重磅纸
- 湿海绵或碎布头

步骤

1. 在浅盘中倒入一小滩蛋彩颜料。
2. 将涂料滚放入颜料中，均匀地滚满颜料。
3. 用涂料滚在亚克力表层涂上薄薄的一层颜料。
4. 用棉签在颜料层上涂鸦，孩子想怎么画就怎么画。
5. 将纸覆盖在画上，双手均匀用力，按压，将所有的图案都印下来。孩子执行这个步骤的时候，家长可以帮助他把纸固定住，以防移位。
6. 小心地把纸拿起来，观察拓印下来的图案。
7. 将亚克力表层的颜料擦去，重复以上六个步骤，创作不同的拓印画。

小手动一动，乐趣妙无穷

凯西·格里芬

放慢生活的脚步，观察周围的一切，你不难发现，从地毯到汽车，从书本到桥梁，从家具到衣物，我们生活中所有的东西都是某个人的劳动果实。或许你会说，有些明明是工厂流水线生产的呀，可转念一想，生产设备和生产工具不也是人创造的么。没错，今天我们使用的多数物品都是自动化生产的，然而在整个生产过程中，一定有某样东西凝聚了人类的智慧和创造。通过做手工，孩子和前人智慧创造的结晶建立了联系，并且他们认识到自己的双手也可以创造出有价值的东西。做手工需要耐性、灵活性、对于细节的专注力、良好的运用工具的能力、对于各个步骤的理解力、实际动手能力和想象力。也正是因为做手工需要这些技能，所以它才能卓有成效地促进儿童此类技能的发展。即使是封闭性的手工活动，即要求儿童按照预先设定的计划获得相应的成果，也同样能够激发孩子的创造力。

你的童年记忆中一定有些关于手工的美好回忆，并且你非常期望自己的孩子在长大以后也会留有如此美好的回忆。仔细思考一下，是什么让这样的时刻如此特别，如此难以忘怀，你愿意和孩子一起再次经历感动吗，也可从我下面的介绍中获得借鉴。

首要元素就是温馨又甜蜜的良好氛围。考虑一下你是愿意只和自己的孩子待在一起，聊聊天，享受亲昵，还是愿意邀请很多朋友，老少都有，开展个类似派对的手工活动呢？先做好决定。进行这样的手工活动，至少要预留出几个钟头的时间，不要顾虑何时结束，只要完全放松，沉浸在快乐之中。也不要去想进展得如何，结果会怎样之类的问题。放点轻松的音乐，坐下来舒舒服服的，伸手就能够到工作台面，并且光线要足够明亮。尽量购买和使用质量好的工具，由于质量较差的工具用起来不是很顺手，孩子就得付出额外的气力。可以在活动中穿插茶歇时间，以便你可以和别人讨论一下活动中出现的问题，缓解一下内心的焦虑和挫折感。准备些小点心，家庭自制的曲奇或是买些精致特别的饼干均可，餐桌铺上桌布，放好餐巾，用漂亮的杯子摆上果汁或茶。

屋子里即使乱糟糟的，也不必大为光火。做好前期的准备工作，想好用什么材料，即可免除打扫的劳累和痛苦。就近放些水，用报纸把桌子盖住，先收拾那些容易清理，没那么脏乱的地方。将手工材料和工具分类，放置于不同的储存工具中，随用随取。若天公不作美，在旧车库开展这样的活动最好不过了。天气好的话，在户外也不错。最后，打扫的时候可别忘记孩子们，让他们也发挥点自己的能量吧。

多数成年人往往是从经验的累积中获得自信，孩子们则不同，他们更乐意尝试和实验，因此大人要是心里没底的话，可以让孩子掌控局面。从寥寥几步、材料简单的活动入手，渐渐过渡到略复杂的项目。

我最喜欢做些有用处的小手工，再就是喜欢做些漂亮的小纪念品，比如装饰物啦，花环啦，手印画啦，或者把孩子的画做成刺绣和毛绒玩具。

等待胶水或作品风干，我们需要耐心；一个个步骤的完成，更是考验孩子的毅力。然而当作品大功告成的那一刻，他欢呼道，"我成功了！"自豪感从他和你的心中油然而生。怎么能不令人激动雀跃呢？通过坚持，孩子们相信，"我也能！"通过创作，孩子同先辈在情感上得以联结。你和你的孩子，一定憧憬着可以无数次拥抱如此美妙的时刻。

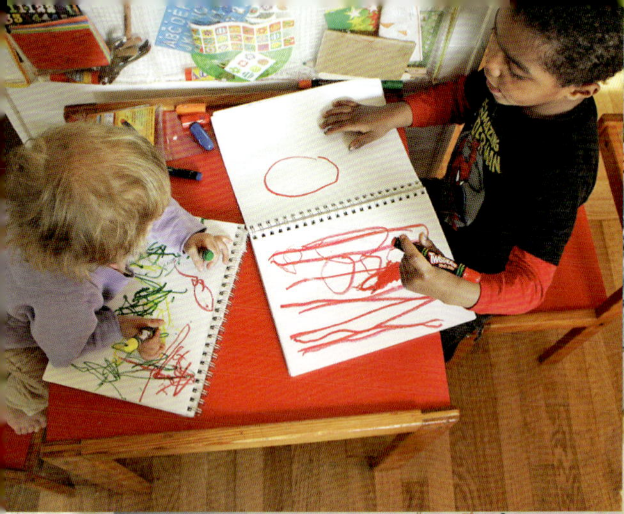
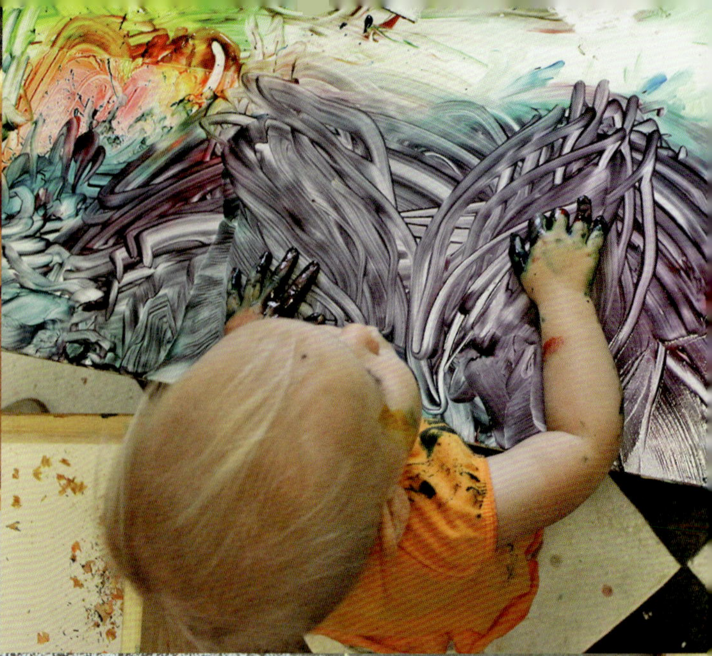
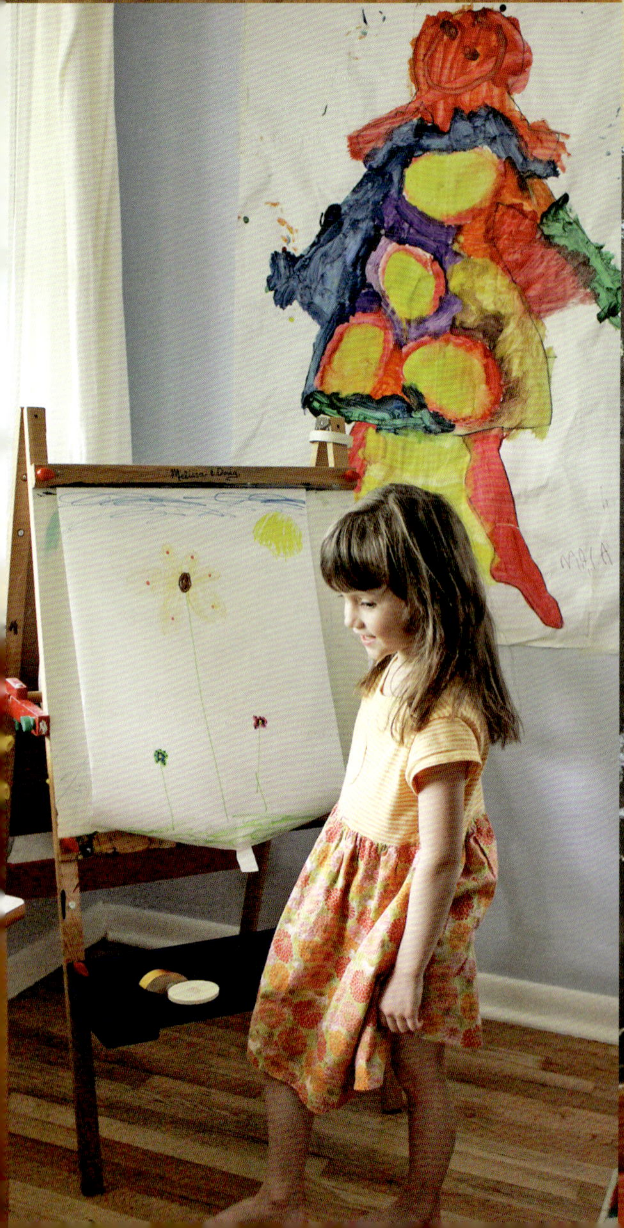
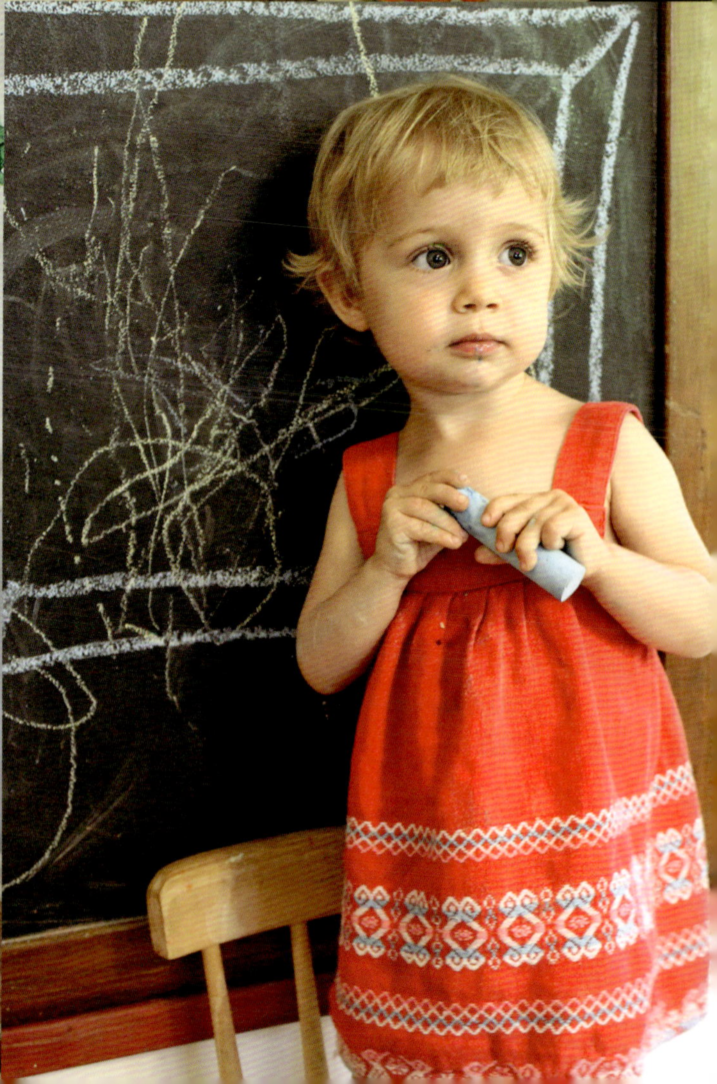

9 快速又简单的艺术活动

我们给孩子留下的遗产，仅有两样能让他终身受益，一为根，一为翼。

——霍丁·卡特二世（美国作家）

作为父母和老师，我们迫切地想知道，有没有操作起来简单又快速的艺术活动，好供孩子在零碎的时间间隙进行。这样的艺术活动不需要大人一直陪伴在孩子左右，步骤也不复杂，更不用费口舌讲解。本章将为大家筛选出既不用精心准备，又适合忙碌的生活，可以迅速完成的活动。它们的价值可以和那些构思巧妙的活动相媲美，并且操作起来更简单、更便捷、更容易上手。大多数活动仅仅需要一到两种材料，几分钟就能搞定，当然也能玩一个钟头之久。

对于儿童而言，最有裨益的活动往往是最简单的，他自己能够反复尝试，进行变化或改进，渐渐提高技能水平。一些基础性的活动，比如素描画、颜料画、剪贴画或是捏黏土正属此类。例如，用干豆子做镶嵌画，孩子今天做的是人脸或某个场景，换一天做的图案则可能不同。实际上，单是这一种艺术活动，只变幻的形式就能达到无穷无尽。

点彩画（用小圆点组成图画）也是一种简单的艺术活动，不仅不会把周遭搞脏搞乱，也同样蕴含着无限可能。尝试用不同的颜色和粗细的钢笔尖或马克笔尖，写字，画画都行。

还可以用棉签或棉球以及颜料进行创作。让孩子试着用水彩和棒棒彩也不错，或者用瓶盖或半个土豆做印章画。用颜料画两个相邻的不同颜色的点，让孩子观察交汇处颜色是如何混合的。

总是给孩子提供一样的简单材料，让他重复一样的艺术活动，并没什么不好。重复的过程也是学习的过程，孩子们会主动去发掘材料的无限潜能，给同样的活动增添新的亮点。

帮助孩子在学习上主动、专注、自律、自信，
全面激发孩子的学习热情！

扫码免费听《如何说 孩子才肯学》，
20分钟获得该书精华内容。

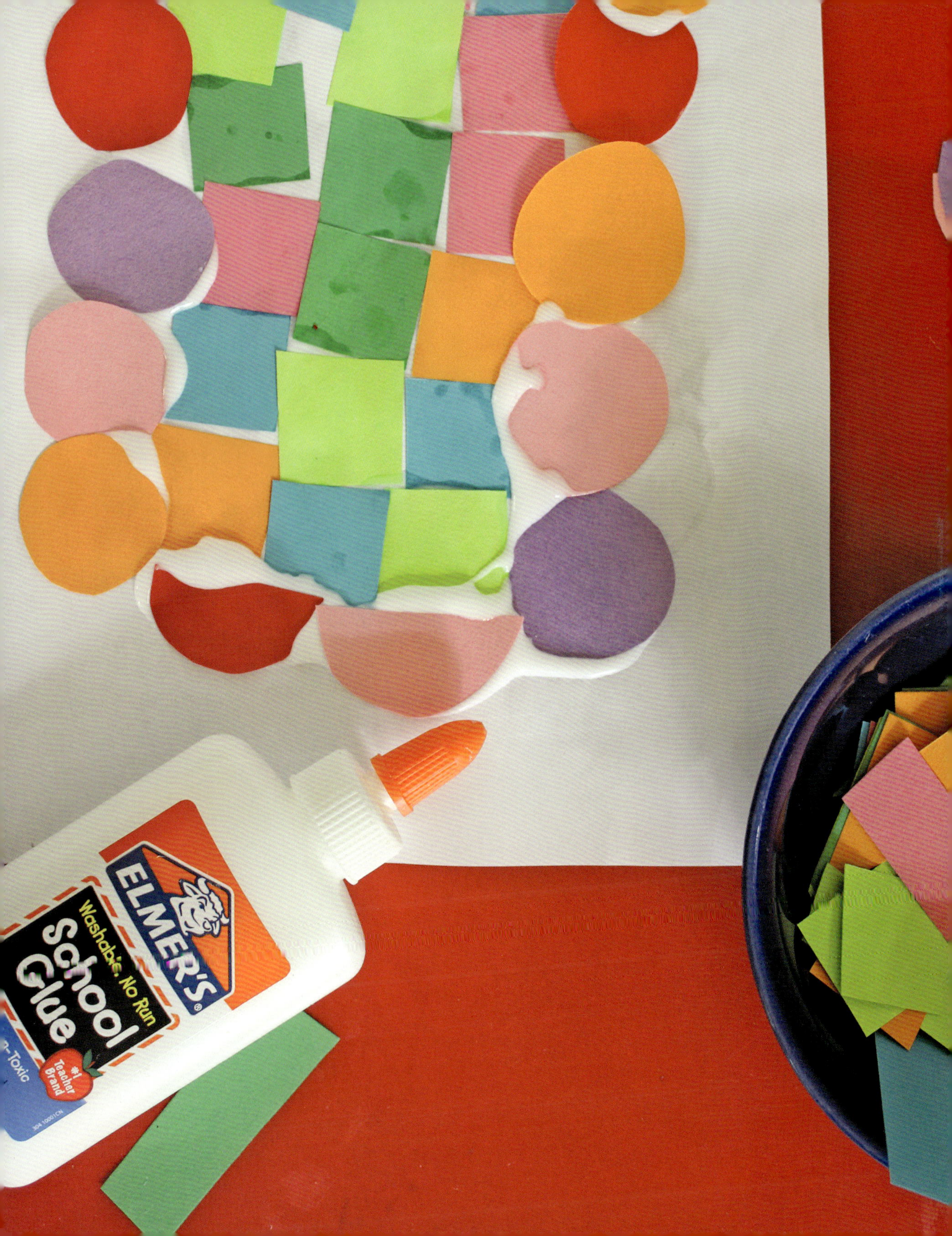
ELMER'S
No Run
School Glue
#1 Teacher Brand

艺术活动 8 | 制作蒙德里安①风格的明信片

仿照蒙德里安的风格,运用黑色的绝缘胶带划分区间,并用饱满的色彩填充。

适合 3 岁及以上儿童。

材料

- 白色广告纸板
- 尺子
- 剪刀
- 黑色绝缘胶带或美纹胶带
- 马克笔、蜡笔或颜料

---

① 蒙德里安,荷兰画家,非具象绘画的创始者之一。他的抽象画多以几何图形为绘画的基本元素,最具有代表性的作品《红黄蓝》。——译者注

步骤

1. 先用尺子量好,将广告纸板裁成 4 英寸(约 10 厘米)长,6 英寸(约 15 厘米)宽的小块。用已有的明信片做母版亦可。

2. 如果不太清楚蒙德里安的风格,先通过书本或网络了解其抽象画风格。然后仿照蒙德里安的画作,将胶带粘贴到纸板上,当作线条,构成直角或你想要的任何角度。

3. 用马克笔或颜料给划分出的区间上色。可以仿照蒙德里安,大量运用基础色(红、黄、蓝),也可以根据自己的艺术品位选择颜色。

4. 正面完工后,在明信片的背面中间画一条分割线,然后在右上方画一个正方形,标识出贴邮票的位置。

5. 写下自己想说的话,添上地址,贴上邮票,寄出。

注意

◆ 孩子很喜欢玩胶带,并能玩出许多花样来。学步期的儿童撕剪胶带有一定的困难,家长可以把胶带剪成合适的长度,一端粘到罐头瓶(或其他类似的容器)上,供孩子取用。

艺术活动 9 | 豆子镶嵌画

用胶水和各色豆子创作出人脸、设计图等多种马赛克图案。

适合 3 岁及以上孩子

材料

- 白胶水
- 重磅纸，卡纸，广告纸板或硬纸板
- 干豆子。分类，整齐地摆放在小碗、马芬烤盘或鸡蛋盒中（在超市的粮食散称区购买，尽量选择颜色和大小各不相同的豆子）

步骤

1. 先用白胶水在纸上画出人脸（也可以先用笔画好，再涂胶水）。
2. 将豆子放到胶水上，粘好。
3. 继续以上两个步骤，直到自己对作品满意为止。
4. 晾干。

其他形式

- 待豆子画干了之后，找来一张白纸，覆在画上，然后用蜡笔用力刮纸背，可拓印出图案。
- 用其他材料替代豆子亦可，比如彩珠、意大利面、种子或揉碎的干叶片。

艺术活动 10 | 点彩画

画笔作画,笔触稳健有力,那么如果整幅画全是由点点组成的会如何呢?点彩画作为印象画派的一个分支,产生于 19 世纪末,缘于印象派画家乔治·塞拉(George Seurat)。可以先跟孩子一起欣赏塞拉等点彩画家的作品,艺术馆、网络以及书籍中此类资源很多。朱莉·摩尔伯格(Julie Merberg)和苏珊娜·鲍勃(Suzanne Bober)共同编著的《与塞拉相约星期日》(*Sunday with Seurat*)[编年史出版社(Chronicle Books)2005 年出版],是非常适宜儿童阅读的普及读本。

适合 2 岁及以上孩子

材料

- 棉签，一种颜色搭配一根
- 蛋彩颜料，一种或多种颜色
- 纸

步骤

1. 用棉签蘸颜料，然后在纸上按一下，形成点。
2. 重复步骤1，用棉签点点，画出自己喜欢的图案。
3. 试着用点点写出自己的名字，或混色。例如，红色的点叠加黄色的点，混出橙色。往后站一点，混色效果看得更清楚。

其他形式

- 可以用棉球替代棉签，画出更大的点，钢笔尖则能画出更小的点。

注意

- 如果孩子年龄较小的话，他极有可能用棉签在纸面上来回地刮擦，无法用点作画。这很正常，家长无须干涉，让孩子自己摸索就好。

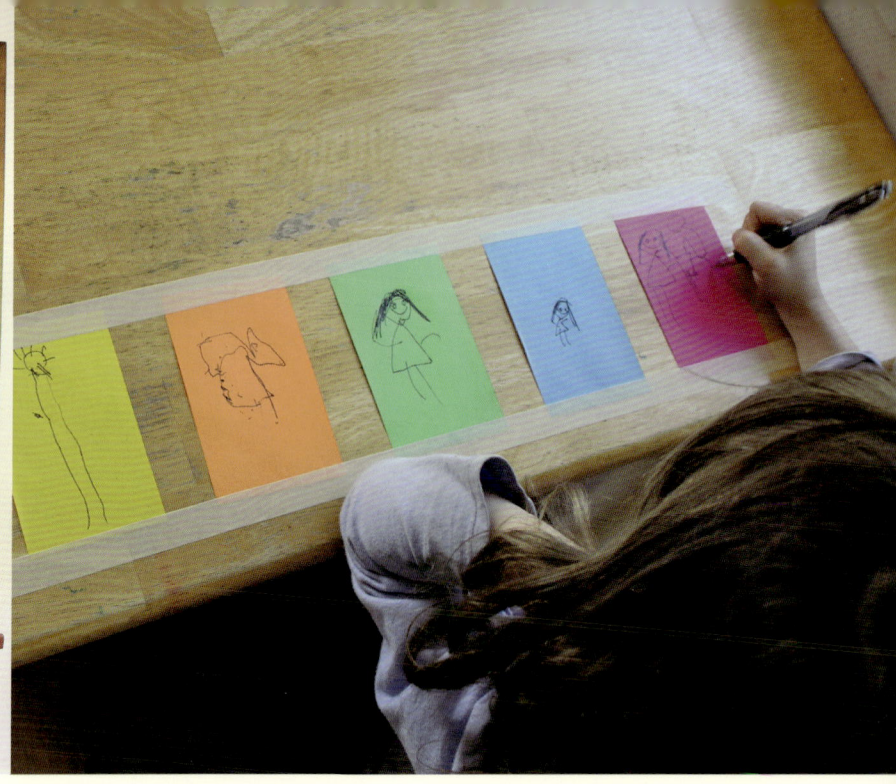

艺术活动 11 | 你能画得有多大？你能画得有多小？你能画得有多弯？你能画得有多粗？

按照提示，挑战绘画的极限，探索不一样的绘画风格。

适合 3 岁及以上儿童。

材料

- 纸［根据活动特点，选择不同尺寸的纸张。如果是比谁画得小，那么应准备小尺寸的纸，便笺纸、索引卡，或把大纸裁成小片，2 英寸（约 5 厘米）长，3 英寸（约 7.6 厘米）宽。要是比谁画得大，那么应准备大一些的屠夫纸或装修用的防护纸。若是比试谁画得弯或粗，那么对于纸张的大小没有特别的要求，不过我通常给孩子大些的纸。］
- 笔、马克笔、蜡笔或其他绘画工具

步骤

1. 将纸摊开，笔放好。
2. 给孩子设置挑战，比如，问孩子"看你能画得有多小？"
3. 孩子接受挑战，画画。
4. 画好后，跟孩子聊聊他的作品，"哇！不知道自己这么厉害吧，瞧瞧，你画的这些人有多小啊。"或问道，"你能画得比这个还小吗？画来看看。"这样的谈话方式简直是屡试不爽，家长完全可以用到其他场合——"你能画得更弯点吗？大卷卷，小卷卷，试试看。"

艺术活动 12 | 树影轮廓画

清晨耀眼的阳光穿过窗棂，洒在餐桌上；台灯射出的强光扫过花瓶里的花，掠过孩子的布娃娃。只要有明亮的光线，孩子就可以观察形形色色的物体的影子。用笔描下影子的轮廓，了解影子的规律，真是太有趣了！

适合 4 岁及以上儿童。

材料

- 纸
- 绘画工具，钢笔、马克笔或铅笔

步骤

1. 找一个光源充足的地方。找找有没有有趣的影子，如果没有，摆束鲜花，放辆玩具汽车、布娃娃、玩具人偶或动物公仔，再不行就喊个家里人坐下来，让光线投过来即可。
2. 找到合适的位置，用胶带将纸固定好，避免描线时纸四处移动。
3. 用笔描出影子的轮廓。
4. 描好后，将其和原物作对比。发现相似之处了吗？哪些地方相同？差异在哪儿？是比原物长还是短？为什么呢？

其他形式

◆ 一件物品在一天中的不同时刻影子也会有所变化，让孩子描出不同的影子。利用移动人造光源亦可。

◆ 如果孩子乐意，还可以用颜料或蜡笔给影子涂颜色。

艺术活动 13 ｜纸艺：折叠、裁剪和装饰的乐趣

剪刀、胶带、订书机和打孔器，几样简单的工具让其貌不扬的纸张千变万化，妙趣横生。

适合 3 岁及以上儿童。

材料

- 各式各样的纸（装修用的防护纸、复印纸、画纸、再生纸、日式折纸、皱纹纸或咖啡滤纸）
- 胶棒、透明胶、打孔器、订书机和线绳（可选）
- 剪刀
- 绘画工具，比如钢笔、铅笔、蜡笔或马克笔（可选）

方法

1. 管子的制作。将正方形或长方形的纸卷起来，两头粘好或用订书机订好，管子就做好了。根据喜好，可以先在纸上画上图案，剪出样式或打上孔。

2. 风琴褶的制作。先将整张纸对折，然后平行连续折，直到折出整齐的风琴褶，每折大约 1 英寸（约 2.5 厘米）。将底端用订书机订好，即可以做成把扇子。

3. 螺旋形的制作。先把纸裁成圆形或方形，然后沿着外侧往内侧剪，即可剪出螺旋形的细长条。然后将末端提起，并用丝带或线绳悬挂。同样，剪之前

可以让孩子先在纸上画画，或用打孔器打出样式。

4. 用咖啡滤纸制作雪花和纸垫圈。购买白色的咖啡滤纸，价格适中，而且非常适合做雪花。将纸对折，再对折。然后用剪刀剪出三角形或其他花样，再将纸展开，漂亮的雪花就做好了。如果孩子喜欢，还可以涂上不同的颜色。将雪花片挂在窗玻璃上，光线透过来，洒进屋子，有如梦境。直接抹少许固体胶，贴到玻璃上，很方便（固体胶容易清洗，移除时不会带来麻烦）。

5. 立体三角形的制作。取一张纸，按三等分折叠，形成一个三角桶，然后用胶带、胶水或订书钉固定纸边。

6. 流苏的制作。在纸的边缘垂直剪出细长条，流苏就做好了，用来装饰或做布艺都行。

7. 人脸、人像制作。纸上画好，剪出来即可。

8. 立体卡片的制作。将纸折出风琴褶，将剪纸图案的一端和风琴折纸的一端粘贴起来，另一端固定在卡片上。

9. 让孩子在纸上随便画歪歪扭扭、弯弯曲曲的线条，然后用剪刀沿着线条剪

纸，锻炼手的灵活性。

10. 让孩子试着折一个纸盒，并装饰。

11. 让孩子折纸飞机，飞着玩。

利用可回收材料进行艺术创作

玛雅·唐菲尔德

即便是普普通通的材料，也能千变万化，并时时激发我的创造力，赋予我灵感。若问起个中缘由，答案很简单，我们那个年代的孩子，由于物资不像现在那么充裕，因此绞尽脑汁，想方设法地实现一物多用不仅仅是生存必须，还备受大家推崇。其好处不一而足。首先，我们赖以生存的地球变得更健康，再者，孩子自己动手，把我们常常视而不见、其貌不扬的物品重新利用，难道我们不应该拍手称道吗？孩子们非常聪明，给个纸箱子，他就能想出新玩法。从回收箱里扒拉出能重新派上用场的东西，对他们来说，是再容易不过的事情了。收集各式各样的材料对于艺术创作无疑是有益的，可激发孩子分类、探索和发现这些与生俱来的欲望。

怎样让孩子成长的氛围富于创造力和活力？无论孩子的年龄大小，是否能接触到不同种类的艺术材料是关键。哪怕是回收的材料也求之不得：在孩子的艺术区，紧挨着颜料、马克笔和胶水这些工具的地方放个矮点的架子，架子上的篮子里摆一些回收的艺术材料，让孩子练习将这些材料分类。和孩子讲讲塑料、纸和铁皮的材质如何不同。给孩子准备个专用箱子，这样他就能把将来要用的材料放进去，并问问他，"你觉得这个像什么？"或者"你想用这个做什么呢？"

我以为最适合儿童使用的回收材料莫过于纸制品了，比如麦片盒子、鸡蛋盒，还有卷纸芯。不用担心这些东西占空间，拆开，压平保存就行。它们的用途极其广泛，折纸、剪裁、粘贴、打孔，怎样都行。除此之外，还能用来画画，用颜料、蜡笔和马克笔着色，效果都很好。

纸芯艺术

卷纸芯攒起来很快。在卫生间放个筐子，用来摆放卷纸芯，让孩子也来帮忙，数数已经存了几个纸芯。圆柱形的外观，既是画画的好帮手，也是制作剪贴画的好材料。让孩子自己去探索绘画和剪贴画两种操作方式，搭配起来亦可。准备好蛋彩颜料、纸芯、画笔，看看究竟会发生什么？或者把薄纸撕成小片，给孩子演示如何把胶水抹在纸芯上，然后贴上五颜六色的纸片。

纸芯嵌套

将纸芯裁剪成合适的大小，即可做成简单的嵌套玩具。这个想法是受俄罗斯套娃玩具的启发，能给孩子直观的感受，明白大小和比例的概念。取一个纸芯，原样不动。然后再取一个纸芯，剪掉一部分，作为高度的刻度参照。再拿几个纸芯，通过裁剪，让其高度递减。接着，需要调整粗细，竖直裁开纸芯，根据需要减掉一部分，再将边缘黏合，使得一个刚好能套进另一个。给做好的玩具涂色、装饰。

10 别出心裁的艺术活动

父母给予孩子最好的爱就是——陪伴。

——A. 威瑟姆博士（美国著名学者）

没错，简单易行的艺术活动几乎是所有父母的"保留曲目"，不过，我们有时候也得和孩子们玩一些特殊的艺术游戏。本章为大家提供几套活动方案，保准能让孩子玩得津津有味，经常跟你嚷嚷他还想玩。和其他章节所推荐的相比，这些活动更需要精心构思，或许得多花点时间和精力准备，不过最后你肯定会觉得付出的一切都是值得的！

你可以利用周末、整个下午或在某个特殊的日子和孩子进行这些活动。一定要提前计划好——搞清楚各个步骤，准备所需的材料，没有的先买回来，想想还有什么遗漏，怎样能让最后清理的环节省点事。但是也不用大费周章，要是太周密细致的计划让你觉得束缚，阻碍发挥的话，直接行动未尝不可。适合自己的就是最好的。

挨着孩子边上，跟他一起动手，用回收材料做个怪物也好，制作泡沫印画也好，还是用花瓣装饰窗玻璃，在创造的同时，美妙又温暖的时光也永远铭刻在孩子的记忆中。不断地尝试，从创作的过程中汲取知识，享受快乐和幸福，并共同分享满心的喜悦和成就感，这就是艺术的魔力！

我所说的"精心构思"并非否认以过程为导向的特点，或是说不适合小点的孩子。虽然本章推荐的很多游戏更适合学龄儿童，但是只要有成人的陪伴和指导，即使学步期的儿童也能玩得很好。

艺术活动 14 | 用黏土捏鸟窝

用黏土捏鸟窝是黏土雕塑的入门游戏，非常有趣。用橡皮泥替代黏土亦可，但我强烈建议购买大块黏土，让孩子尝试不同的艺术介质。

适合 3 岁及以上儿童。

材料

- 黏土
- 一碗清水，擦手布
- 羽毛（可选）

步骤

1. 留出足够的创作空间。要用到工作台面（木板、塑料垫或 PVC 垫子），一小碗清水，一块擦手布（毛巾）。

2. 切下三块柠檬大小的黏土。先将其中的两块放到边上。

3. 让孩子将黏土团成球，然后将黏土放在手心，用大拇指在中间按出一个坑。（大人可以先给孩子示范一下怎么做。）

4. 将拇指放在坑里，转动黏土，一边转一边轻轻用力，将黏土压成鸟窝状，直到大小和形状满意为止。

5. 取第二块黏土，分成三小块（块数随意）。让孩子将每一小块黏土团成球，放在两手掌心中或放在桌面上团都行。接着，轻轻挤压黏土球，做出椭圆形的鸟蛋。如果孩子喜欢圆球形的蛋，可以省略上述动作，直接把蛋放入鸟巢中。

6. 取第三块黏土，让孩子捏出鸟的样子，有头、喙、翅膀和尾巴（任意发挥也行）。

7. 如果孩子喜欢，给鸟儿粘上羽毛，当作尾巴或翅膀。

8. 成型后，等待雕塑变硬、风干。或者欣赏片刻，然后将雕塑再捏回黏土球，收好留着创作其他雕塑。记得要拍照哦！

艺术活动 15 | 泡沫印画：贴纸 DIY

在泡沫上刻出图案，自己做贴纸。

适合 4 岁及以上儿童。

材料

- 泡沫或泡沫箱（我是从百货店的肉食品区工作人员那里要来的。盛放坚果、蔬菜、水果的泡沫箱亦可）
- 剪刀
- 圆珠笔
- 报纸或 PVC 垫
- 手推印刷滚筒（艺术用品店购置）
- 底盘或亚克力箱形框架（各种印画都会用到）
- 水性印刷油墨（艺术用品店购置）
- 空白贴纸或大的地址标签贴

步骤

1. 将泡沫裁成喜欢的形状——方形、圆形等。
2. 用圆珠笔在泡沫上画出图案，注意笔头要刻到泡沫里。
3. 腾出印画的地方。桌子上铺上报纸或PVC垫子，将印刷滚筒、底盘、油墨和贴纸摆放好。
4. 油墨倒入底盘中，滚筒蘸满油墨。
5. 用滚筒给泡沫上的图案均匀上色。
6. 将上好色的泡沫盖在贴纸上，记得要留点地方盖其余的印画；如果用的是地址标签贴，尽量让图案靠近正中。盖的时候要压紧、用力，用手或勺子在背面刮一下效果更好。
7. 小心地将泡沫提起。
8. 重复以上步骤，做出各种图案的贴纸。
9. 等印画风干。
10. 如果用的是整张贴纸，将每幅印画裁开。
11. 用贴纸装饰信封、文具、信纸、笔记本和标签。

艺术活动 16 | 模仿心仪的艺术家进行创作

通过模仿自己喜欢的艺术家的艺术风格，孩子能了解艺术史和艺术技法方面的知识。

适合 5 岁及以上儿童。

材料

- 该艺术家所用的材料（或相近的材料）

步骤

1. 确定想模仿的艺术家。
2. 让孩子研究该艺术家及其作品，思考以下问题：

- 该艺术家擅长什么？静物画、风景画、人物画还是抽象图案？我该怎么画呢？

- 在他的创作中，艺术材料的处理有何新颖之处？比如，该艺术家利用自己的作品，在老照片上创作剪贴画？我能试试看吗？
- 该艺术家的风格是奔放型的还是细致型？如果我那么画，感觉如何呢？
- 你为何喜欢他的作品？是因为题材、使用的介质、色彩还是其特殊的纹理和质感？尝试以同样的风格或主题作画。
- 该艺术家的作品哪里最吸引你？你还想进行怎样的尝试？

3. 现在拿起工具，模仿他进行创作。
4. 和孩子聊聊。你学到了什么？想再玩一次，还是想画点不同的东西？下次打算怎么画？有没有其他绘画风格或题材类似的艺术家？通过这次创作，针对该艺术家和他的绘画能否提出新的问题？

艺术活动 17 | 熔蜡螺旋画：蛇和蜗牛

将蜡笔熔化，进行创作，笔触更加流畅，画出的画色彩更加亮丽，充满生气。适合 3 岁及以上儿童。

材料

- 厚的烤盘或保温盘
- 毛巾
- 纸
- 蜡笔，把外层包装纸剥到尾部（不要用蜡块，蜡笔足够长，孩子才不会烫到手）
- 烤箱专用手套或厚手套
- 水彩颜料（可选）

步骤

1. 如果用的是保温盘，将烤箱火调小；烤盘的话，调至华氏 250 度[①]，预热。
2. 找块大点的旧毛巾，对折，铺在工作台面上。将加热好的烤盘放在毛巾上。（如果用保温盘，可以跳过这一步。）
3. 将纸铺在烤盘（保温盘）上。
4. 右手拿蜡笔画画，左手按住纸面，需戴上专用手套，防止烫伤。在纸上慢慢地画出螺旋形或波形曲线。蜡笔受热熔化，画出的线条颜色厚重而浓烈。
5. 让孩子尽情地尝试，想用什么颜色就用什么颜色，随意涂抹，画蛇或蜗牛都行。还可以给他们的头部添上眼睛，身体画上花纹。
6. 如果烤盘冷却，将其放回烤箱，重新加热。
7. 孩子喜欢的话，可以再泼上颜料，做成涂蜡装饰画。

其他形式

◆ 将画纸的背面涂上油，使纸张变透明。挂在窗户上，就是"花窗玻璃"了。

[①] 约相当于摄氏121度。——译者注

艺术活动 18 | 纸质水母风铃

用纸制作色彩斑斓的风铃，在微风中起舞。

适合 3 岁及以上儿童。

材料

- 纸盘
- 剪刀
- 棉线
- 透明胶

- 彩色美术纸或其他好玩的纸（皱纹纸、蜡纸、绉纸或报纸）
- 打孔器和锯齿形剪刀（可选）

步骤

1. 用剪刀在纸盘中间捅个孔。
2. 将棉线穿过孔,在盘子里面那面打结,确保挂起来时纸盘不会脱落。
3. 将盘子翻过来,用透明胶或钩子,挂在天花板上或悬挂在走道上方。
4. 将纸剪成细长条,按照自己的喜好,打孔、剪花、折叠、装饰纸条。
5. 将做好的纸条粘在盘子上。
6. 如果孩子喜欢,还可以添加点纸雕元素,比如在风铃的顶部粘上卷起来的纸条。

艺术活动 19 | 复印机的妙用

将多个图案和文本剪切、拼贴，然后用复印机复制出剪贴画，也可以扩印或缩印。适合 3 岁及以上儿童。

材料

- 纸或旧杂志（剪贴用）
- 剪刀
- 复印纸
- 胶带或胶棒
- 绘画工具，比如马克笔或钢笔
- 复印机（很多家用打印机也有复印功能）

步骤

1. 将自己画的或是杂志里现成的图案剪下来，文字做同样处理，写好或找现成的剪下来。然后把它们放到复印纸上，理好，用胶带或胶水固定。

2. 如果需要放大或缩小的话，可先用复印机处理好。如果孩子喜欢，同样的剪贴画可以做成不同大小的哦。

3. 让孩子在剪贴画上添加自己的创作，画画写字都行。

4. 放入复印机中复印，数量自行决定。

5. 将复印好的作品寄给亲朋好友，作为邀请函或感谢信，海报也行，或者只是自己欣赏。

其他形式

- 用丰富的图案进行剪贴，除此之外，一些小物件，比如纽扣或是硬币也能派上用场，让孩子自己选择，自己复印作品。喜欢的话，复印出的作品可以用来包装小礼物。

- 黑白复印、彩色复印都可以试试看。

- 在复印好的作品上再画上东西，然后再拿去复印（我们家孩子最喜欢这个）。

- 通过缩印和扩印，让孩子理解大和小的基本数学概念。

- 复印可将三维的物体转换成二维的。

艺术活动 20 ｜ 利用废旧物品做怪物和机器人

收集旧纸箱、瓶盖等各类废旧物品，做个独一无二的怪物和机器人吧。

适合 4 岁及以上儿童。

材料

- 纸盒、食品罐、卷纸芯、瓶盖、纸、卡纸、锡纸以及其他废旧物品
- 胶水（热胶枪最好——省去等待黏合的麻烦——但是首先得教会孩子怎样安全使用热胶枪）
- 蛋彩颜料或丙烯颜料（可选），以及孩子可能会用到的工具，比如剪刀、胶带和打孔器

步骤

1. 准备好纸盒等物品，用来制作机器人或怪物的头部和身体，当然，也能用来做胳膊和腿。
2. 将纸盒等粘在一起，晾干。

3. 然后粘上胳膊和腿等部位，直到怪物、机器人或雕塑成型。
4. 根据个人喜好，用颜料给机器人上色，或用锡纸、剪纸装饰机器人。
5. 细节处理。利用细小的废旧物品，给机器人安上眼睛、按钮和耳朵。
6. 大功告成。记得给作品拍照！

儿童也能使用热胶枪

尽管用到热胶枪的时候通常都得由大人来帮忙，但是如果父母和老师能够给孩子讲授使用时需注意的安全事项，他们也能独立操作。汤姆·罗宾逊，一位资深的幼儿教师，在他的博客（www.teachertomsblog.blogspot.com）中说道："我特别喜欢和孩子们一起使用热胶枪做东西。很多学校禁止儿童使用，因为担心孩子会被烫伤。没错，极少数的孩子确实会伤到自己，可对于大多数孩子而言，学会自己使用热胶枪，这点代价是值得的。传统的用胶水或胶棒的粘贴方法非常限制孩子们的创作，因为它们只能在平面上粘粘贴贴。虽然有足够的耐心和恒心，用传统的办法，他们也能做出立体的作品，但这个过程耗时耗力。有了热胶枪就完全不同了，可以实现快速的黏合。孩子们想到什么，无论是高塔还是房屋，砰砰砰几下，就做好了。我们经常会用纸盒和碎木片进行创作，看着孩子们独立使用热胶枪，我真是开心极了；动手时，他们专注并沉醉于其中，完成时，他们满心骄傲和自豪。"

父母究竟该从何教起呢？汤姆的建议如下：

- 首先，指着热胶枪的发热点，告诉孩子，"如果碰到这儿，会烫伤的。"同时告诉他，熔化的胶棒也很烫，虽然只有几秒钟的时间，也要当心（虽然不像热胶枪的发热点那样被烫后会留下印记）。
- 一定要准备好合适的器具放置热胶枪，以防孩子专注于其他事情时，不慎碰到。家里做馅饼的平底锅就很合适。
- 在孩子工作的附近放一桶水，万一烫到手，立刻浸入冷水中。

艺术活动 21 ｜ 立体花窗玻璃

用花瓣和黏胶膜制作五彩缤纷的立体花窗玻璃。

适合 3 岁及以上儿童。

材料

- 黏胶膜（透明，或厨房防油贴膜）
- 剪刀
- 软电线（五金店购置）
- 钢丝剪刀或锋利结实的剪刀
- 花和树叶
- LED 许愿蜡烛（可选）

步骤

1. 将黏胶膜裁成自己想要的形状,将背面的膜撕掉。放在桌面上,有胶的一面向上。
2. 将软电线绕裁好的黏胶膜一周,形成环形或宽松的方形。
3. 沿电线修剪黏胶膜,边缘处留出半英寸(约1.3厘米)到1英寸(约2.5厘米),然后将留出的部分绕软电线卷起来。
4. 扯下花瓣,按照自己的设计,将其铺在黏胶膜上。
5. 另裁一张黏胶膜,要足够大,可以盖住第一张。将背面的膜撕下,胶面对胶面,盖好。
6. 将膜伸出来的多余部分剪去。
7. 将软电线弯曲,做成拱形或其他自己喜欢的形状。
8. 将花窗玻璃挂在窗户前,让阳光照过来。或者在漆黑的房间里,将其放置在许愿灯上。

其他形式

- 秋天可以用树叶替代花瓣。
- 也可以用五颜六色的皱纹纸,撕或剪成小片替代花瓣。

注意

- 虽然花窗玻璃非常美丽,但不能存放很久。花瓣会枯萎,甚至腐烂。假如你想永久保存的话,可以先把花瓣夹在书本里,待其干透。

艺术活动 22 | 用糨糊制作帽子

用糨糊制作漂亮的帽子,从此你的衣帽间里又多了个选择。

适合 3 岁及以上儿童。

材料

- 碗(戴孩子头上大小合适)
- 保鲜膜
- 胶水
- 彩纸,如美术纸、皱纹纸或餐巾纸,撕成条
- 剪刀
- 装饰物,如纸质的花边垫、羽毛、纽扣、亮片、丝带、彩线或金粉
- 糨糊(具体做法参阅下文)

步骤

1. 将保鲜膜覆在碗外面,然后将边缘部分的膜卷到碗内侧,抹平整。接着,在工作台面上也铺上保鲜膜,把碗倒扣在上面。
2. 将撕碎的纸条蘸满糨糊,粘在碗上,重复这一步骤,直到碗面被两到三层的糨糊覆盖。如果想要做帽檐的话,那么让有些纸条拖到碗底部的边缘,搭在工作台面上。
3. 待其完全干透。
4. 轻轻地把帽子提起来,和碗及工作台完全分开。用剪刀修整帽子的边沿,弄整齐。
5. 用羽毛、丝带、亮片或其他物品装饰帽子,粘贴好即可。

其他方法

◆ 用纸质的花边垫代替纸条,蘸胶水,然后贴上去,就是蕾丝边,帽子更漂亮。

◆ 用报纸代替纸条,待其干透后,还可以自己涂色。

注意

◆ 让孩子根据个人喜好,自己决定是用手还是用刷子来抹糨糊。

糨糊的制作方法

将1杯面粉,2杯水,3茶匙食盐和半杯牛头牌白胶浆(white Elmer's glue)放入碗中,混合,搅拌,即可。

艺术活动 23 | 用枕套制作巴迪克蜡染风格的披风

结合东南亚的巴迪克印花技法，用枕套做出超萌的儿童披风。

适合 2 岁及以上儿童。

材料

- 白色枕套
- PVC 垫或大垃圾袋
- 牛头牌可洗蓝胶（Elmer's Washable Blue Gel Glue）
- 丙烯颜料
- 画笔
- 大桶热水，用来洗去黏胶
- 硬毛刷，比如擦洗用的刷子
- 针线
- 魔术贴

步骤

1. 将枕套摊开，放在PVC垫或垃圾袋上。
2. 用胶水在枕套上画出花纹或图案，写上名字。
3. 待其干透（需要几天的时间）。
4. 将丙烯颜料用水稀释（水一半，颜料一半）。
5. 用稀释过的颜料涂满整个枕套，包括胶水画过的地方。
6. 晾干。
7. 将枕套在热水中浸泡1小时，让胶水变软。
8. 用硬毛刷将胶水刮去。
9. 晾干。
10. 在枕套的两端缝上魔术贴，披在肩上，绕脖子粘好即可（怕麻烦的话，使用背胶魔术贴）。

艺术活动 24 | DIY 拼贴画框

给亚克力框来个大变身吧，贴上拼贴画材料，制作自己的个性画框。

适合 3 岁及以上儿童。

材料

- 热胶枪
- 细小的拼贴画材料，比如彩珠、纽扣和小塑像
- 亚克力框架，8 英寸（约 20 厘米）宽，10 英寸（约 25 厘米）长

步骤

1. 用热胶枪将拼贴画材料粘贴在亚克力框的边缘。儿童使用热胶枪的注意事项详见 181 页，如果孩子太小，最好还是大人操作。用热胶枪沿四周打出

一条细线，让孩子在胶尚未冷却变干之前把拼贴画材料粘上去。也可以让孩子拿张纸，先把装饰物位置摆好，然后大人帮助移过去。

2. 将画放入画框中，挂起来，即可。

捏黏土

凯西·威丝曼·托帕尔

还有什么游戏能比捏黏土更吸引孩子呢？在艺术用品店就能买到用途多样的低熔点湿黏土，或者去附近的陶艺店问问有没有黏土售卖。和孩子一起去陶艺店或者其他生产陶制品的地方逛逛，你会觉得耳目一新，趣味盎然。天然陶土的价格大约是20-25磅（1磅=0.454千克）一袋。

动动手

孩子如何和黏土开始第一次亲密接触呢？方法有很多。可以先给他拳头大小一块，不过你想不想知道在工作台面上放一大块黏土，孩子会作何反应呢？那就试试看吧。炎热的夏天，将黏土放在垫子或浅盘上，席地而坐，屋子里院子里玩都行。孩子们手脚并用，玩得不亦乐乎。取出圆柱形状的黏土，平着放，或站着放，看看孩子会用它做什么呢？让孩子尝试捏出拱形、球形、螺旋形，用线形工具（最简单的线形工具就是找根金属丝，两头穿上珠子或纽扣）割出长条形，他们会觉得其乐无穷。在桌子上直接开捏，或者铺上板和垫子亦可，怎么舒服就怎么来。

动动脑

孩子接触到新的艺术材料，不妨给他们提几个问题吧——谁？什么？时间？地点？为什么？怎么做？问问孩子，知道这是什么材料吗？这种材料是从哪里来的？你对它了解多少？你还想知道什么？孩子们的回答总是会让你大吃一惊，他们懂的可真不少，奇思妙想也真是让人脑洞大开。最后总归要找到问题的答案，每个人都得动脑子，仔细研究才行。

开始

捏黏土调动大脑和肢体，振奋孩子的精气神，并且家长能迅速收到孩子的反馈信息。从初次接触到娴熟地捏出形状，黏土创作有助于培养孩子的语言描述能力。有的孩子迫不及待，恨不得立刻就冲过去玩；有的孩子则犹犹豫豫，要是黏土是冰凉的，那更是一脸的不情愿；还有的就站在边上，看着别人玩。遇到不愿意的孩子，父母千万不能强迫，不妨自己先体验一下黏土在指缝中滑滑腻腻的感觉，享受这样的快感，让孩子觉察到你的快乐，总有一天，他也会卷起袖子来试试的。

手，最重要的工具

用灵巧的双手揉搓柔软又极富韧性的黏土，那种感受是无与伦比的。如果一开始接触黏土就使用工具，实际上是割断了在我们的身体和黏土之间建立起来的感官连接。应该这么问孩子，"你能用小手捏出新的样子来吗？"手指的动作配合，同时也是在刺激孩子的语言发展，比如做出了戳、拧、掐、拉和捣黏土的动作之后，自然也会明白对应的词汇。大人重复孩子所说的精细动作的词汇，能更好地促进孩子语言能力的发展。利用双手的不同部位——手指、拇指、指关节或拳头——将黏土塑造成不同的形状，手的功能简直太强大了。

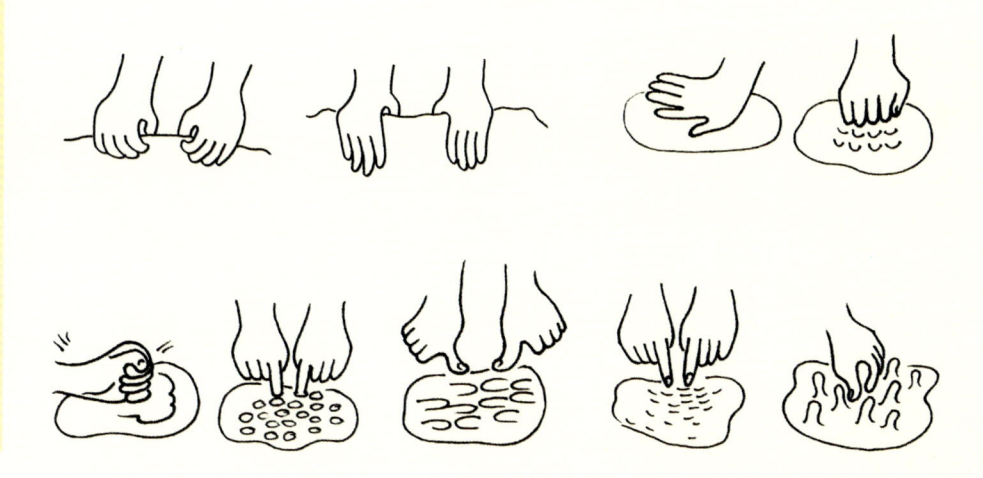

挤压、拉伸和捅黏土

挤压、拉伸，在黏土上按出坑，做出各种形状，离了肌肉的力量可不行。应给与孩子指导，教他如何用力。让孩子站直，深呼吸，将注意力集中于腹肌，让力量通过背部和肩膀上行，然后沿着双臂到达手部。（我会把手放到孩子的背部，帮助他们调动肌肉力量。）

让孩子：

- 将黏土捏出高高的形状。
- 将黏土捏出明显的凸起或者伸出来的部分。
- 戳一戳，捅一捅黏土。
- 将黏土做成中空的。

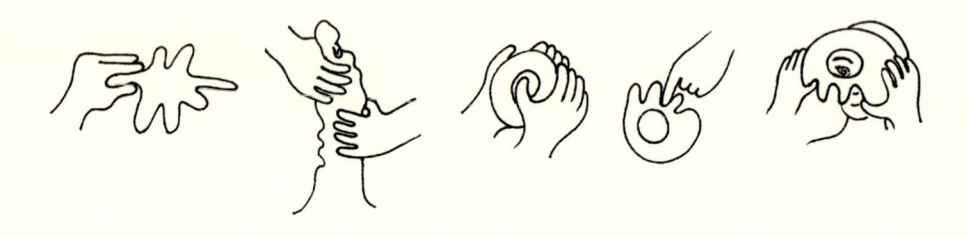

搓球和搓螺旋形线条

我最喜欢让孩子玩的黏土游戏之一就是跟他们比试谁能捏出最多不同粗细、不同大小的螺旋形。闭上眼睛，你的触觉更敏锐、手感也更好，似乎自然而然地知道应该怎么做，该用多大的力度，因而做出来的螺旋形线条堆起来也更牢固。

搓球对于孩子来说也是很好的锻炼。搓出大小各异的球形和螺旋形，然后组合到一起。各种形状随意组合，不经意就能塑造出人物、动物等造型。

线条和圆球

线条　粗线条
　　　细线条
　　　长线条
　　　短线条

立起来的形状

圆球　大球
　　　中球
　　　小球

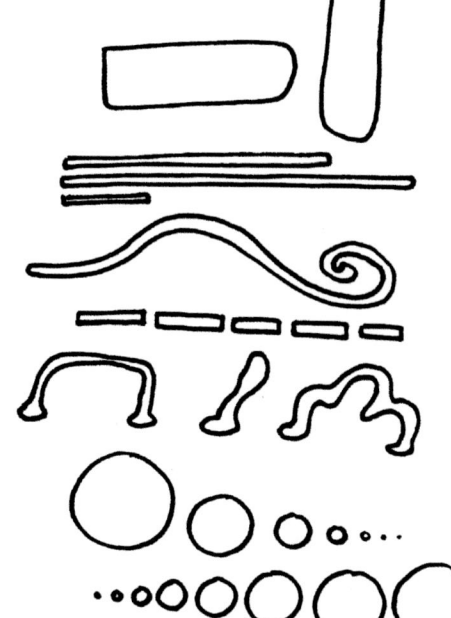

把圆球和线条组合在一起，
就是一个雕塑

水

黏土会越用越干。所以捏黏土时，最好在边上放一小碟水，以备不时之需。很多人觉得黏土会把家里搞得乱七八糟，实际上并非如此。水量的多少决定差异。尽量少放点水，均匀地抹在黏土表面，然后通过揉搓使水和黏土结合在一起，这个过程也是一堂很好的体验课。

随身携带笔记本和照相机

我从意大利的瑞吉欧艾米里亚[①]的教育家们那里了解到，父母应留心孩子在日常生活中所迸发出的异乎寻常的洞察力和绝妙的想法。所以我身边经常备有一本笔记本，用来记录孩子的思路和他的关注点，以及从他们小嘴巴里蹦出来的童言趣语。当我想让孩子们多工作一会儿的时候，我会把记下来的东西读给他们听，鼓励他们。照相机的用处也不能小觑。一天的黏土游戏结束之前，用照相机给孩子们的作品拍照，也可以记录下他们的工作过程。

清理

用刮刀或抹刀刮掉台面上的黏土。将刮下来的黏土搓成球，中间戳一个坑，倒一点点水，然后捏死，将水裹进去再收到塑料袋里。或者将黏土放在密封的塑料容器中。下次用的时候，像揉面团一样先揉几下，使其恢复柔软和均匀的黏性。如果孩子过会还想玩，只需将其放在木板或纸板上，用塑料袋盖好，不透气即可。如果黏土已经变干，最好先盖块湿布，然后再用塑料袋盖住。

黏土建筑

黏土还能用来做建筑材料——搭配木棍、石头、贝壳、果荚、小树枝和其他天然材料，造出堡垒、避难所、童话王国、桥梁等各种建筑。黏土的花样真是多！

[①] 意大利的北部小镇，因"瑞吉欧教育法"而出名。——译者注

11 行动艺术

> 论及创造力，毋庸置疑，年轻人总是拔得头筹。那是因为他们拥有质疑传统智慧和权威的勇气。
>
> ——比尔·休伊特（惠普联合创始人）

虽说行动艺术的先驱是以杰克逊·波洛克（Jackson Pollock）为代表的成年艺术家，但是它也适合儿童玩耍。他们小小的身躯包裹着强烈的通过行动进行探索的欲望，"要是把这个装满颜料的气球丢到地上，会怎样呢？"行动艺术尤其适合好动的孩子，要是你家里有这样的孩子，你肯定能领会我的意思。他们就是一刻也闲不下来；别的孩子是走的，他是跑的；别的孩子在椅子里坐着，安安静静，他爬到桌子上面；他们的身体总是扭啊，动啊，小动作不停。行动艺术就是给这样的孩子"量身设计"的。

从另一方面讲，行动艺术也适用于那些需要鼓励才能活跃起来的孩子。行动艺术能使那些谨小慎微，总是坐着不动的孩子，变得开朗活泼一些。多姿多彩的艺术总是能给孩子鼓舞，给他们注入更多活力。有些行动艺术瞬间就能抓住孩子的眼球，有些则需要你（或你的孩子）努力打破固有的状态，走出舒适区。这都无妨，家长切记不能给孩子施加压力，应顺其自然，并辅以适当的鼓励。

学步期儿童（学龄前儿童）无论做什么事都是用上整个身体，进行艺术活动时也

不例外。儿童的世界以行动为主导，他们在其中兴奋不已，因为行动艺术给他们提供了新的身体和外部世界互动的方式。学步期的儿童喜欢站着画画，挥毫泼墨，无所顾忌——飞溅画，用玩具汽车画画，用苍蝇拍画画，还有舞蹈画——这些艺术活动毫无保留地讴歌了上帝的杰作——人类曼妙的身体，自如行动的能力和美好的艺术。

行动艺术和在素描簿里认真地画幅画，这两种艺术形式大相径庭，前者热烈奔放而又不拘一格。正因为行动艺术不是你和孩子的日常活动，那些全情投入的时光才会成为永久的记忆。

这一章介绍的这些活动更容易把周遭搞乱，因此应预先考虑好活动场所，怎样做工作台面才不会弄得太脏，以及清理的相关事宜。我敢保证，大人孩子都能自得其乐。许多行动艺术更适合在户外进行，自己家院子或公园都是不错的地点，一则能省去不少准备和清理的麻烦，二则孩子们可以无拘无束地自由发挥。

鼓励孩子们更大胆一点，更洒脱一点，哪怕乱了也无妨，他们会十分开心的。下面将要介绍的行动艺术较之其他艺术活动，更能让孩子得到彻底的释放："你说我可以直接泼颜料吗？""我想搭多大就多大？""弄脏也没关系吗？"抛却束缚和规矩，孩子们就会体验到创作的自由。艺术是如此妙趣横生，让人心花怒放，并不非得是静物素描，或是填色，才称得上艺术。

相比其他艺术活动，行动艺术能更有效、更广泛地调动我们的感官体验。想象一下，指尖蘸满颜料，听到苍蝇拍拍打在帆布上清脆的响声，闻着剃须膏怡人的香气，观察颜色混合时的变化，一边随着音乐扭动一边抹颜料，或品尝面团里淡淡的咸味。孩子们积累了各种各样的感官经验，不仅能更好地处理艺术材料，并且能更从容地面对自己的身体和所处的世界。

艺术活动 25 | 音乐画

一边听音乐，一边画画，将音乐所传递的信息转换成图像。

适合 3 岁及以上儿童。

材料

- 纸
- 颜料
- 画笔
- 音乐（CD、八音盒、数字音乐播放器等各种音乐播放器材）

步骤

1. 准备。将工作台面收拾干净，如有必要，做好防护工作。将纸、颜料和画笔摆好。

2. 跟孩子一起听音乐。闭上眼睛，用心

听，沉浸在音乐中。

3. 跟孩子讲讲这个活动如何进行。音乐让你想到什么颜色，用这些颜色作画，可大可小，可快可慢。认真体会音乐，利用事先准备好的材料，设想如何将其传递的信息转换成图案。挥动胳膊，想象自己在指挥或跳舞。

4. 将音乐再播放一遍，开始作画。
5. 播放不同的音乐，这样的活动可以重复进行。比如，这次听了带歌词的音乐，下次换成纯音乐；这次听的是古典乐，下次就放爵士乐或嘻哈音乐。

其他方法
- 262页上的音乐椅子可以作为这个活动的团体方式。

艺术活动 26 | 剃须膏玻璃刮画：感官的盛宴

大团大团的剃须膏泡泡，把手伸进去，用手指挤呀，捏呀，孩子们太喜欢了。适合 1 岁及以上儿童。

材料

- 剃须膏，不是剃须凝胶（购买敏感肌肤使用的淡香型或无香型）
- 窗户（或玻璃）

步骤

1. 将剃须膏喷到窗户上。如果孩子年龄够大，小手很灵活，可以让他自己喷。
2. 让他用手将剃须膏抹开。
3. 如果玩了一会，他就不玩了，那么大人可以给孩子演示用指头在窗户上画出图案。让孩子画出各种造型和图案，观察阳光透过来的样子。
4. 一边画，一边和孩子聊聊创作时的感受。

5. 画好后，将玻璃上的剃须膏擦干净，冲洗（孩子或许很想帮忙）。

其他方法

- 要是你和孩子已经玩了好几次这个游戏，想来点新意的话，可添加可洗的蛋彩颜料。用画刷或手指将蛋彩颜料涂在剃须膏上。

- 将剃须膏和蛋彩颜料或水彩混合，也可以在纸上画画。尽管没有阳光射过来产生的效果，也挺有乐趣。

注意

- 孩子不愿意接触剃须膏怎么办？碰到之后，立刻想用水冲掉，怎么办？有些孩子很享受这种触感，有些则不愿意碰湿乎乎、黏答答的东西。对于大多数孩子而言，这种不情愿都是暂时的阶段，但是确实有少数孩子有强烈的个人好恶，或是会一直排斥。

- 即使大人做了很多示范和鼓励，孩子还是不乐意，怎么办？那就让孩子用筷子或画笔玩吧。工具在孩子和材料之间建立起一道缓冲带，给他安全感。熟悉材料之后，他也许会改变想法。

- 还有一个解决办法是用保鲜膜将剃须膏包裹起来，让孩子隔着保鲜膜触摸和感受它，用它画画。或将剃须膏放到自封袋里，挤挤捏捏，进行创作。通过这些方法，孩子慢慢地了解艺术材料（同样适用于彩泥、颜料、手指画颜料等），或许下一次玩的时候，他很可能想亲手摸摸看呢。

艺术活动 27 | 杰克逊·波洛克的飞溅画

　　此项游戏会弄脏场地，最好在户外进行。阅读杨·格林伯格（Jan Greenberg）和桑德拉·乔丹（Sandra Jordan）所著的《杰克逊·波洛克的行动艺术》（*Action Jackson*）一书，了解波洛克和他的绘画风格。

　　适合2岁及以上儿童。

材料

- 不用的白床单（或大张的屠夫纸、广告纸板、伸展画布）
- 画笔
- 蛋彩颜料，用杯子装好

步骤

1. 将床单或纸铺在地上，有风的话，用石头将四角压住。也可以将其悬挂在晾衣绳或墙上，固定好。
2. 用笔蘸满颜料，让颜料滴到床单上。注意是滴，不是画。
3. 再次用笔蘸满颜料，甩动手腕，让颜料溅出去，划过床单。

4. 继续，尝试不同的动作，大滴小滴地甩等。
5. 待其晾干。
6. 将作品挂好。

其他方法

◆ 这项游戏可以往"大"玩，也可以往"小"玩。我们在小的卡片纸上、大号的双人床单上都玩过。

◆ 如果想永久地保留床单上的作品（装饰用或当帐篷盖巾），使用稀释过的亚克力颜料画即可。

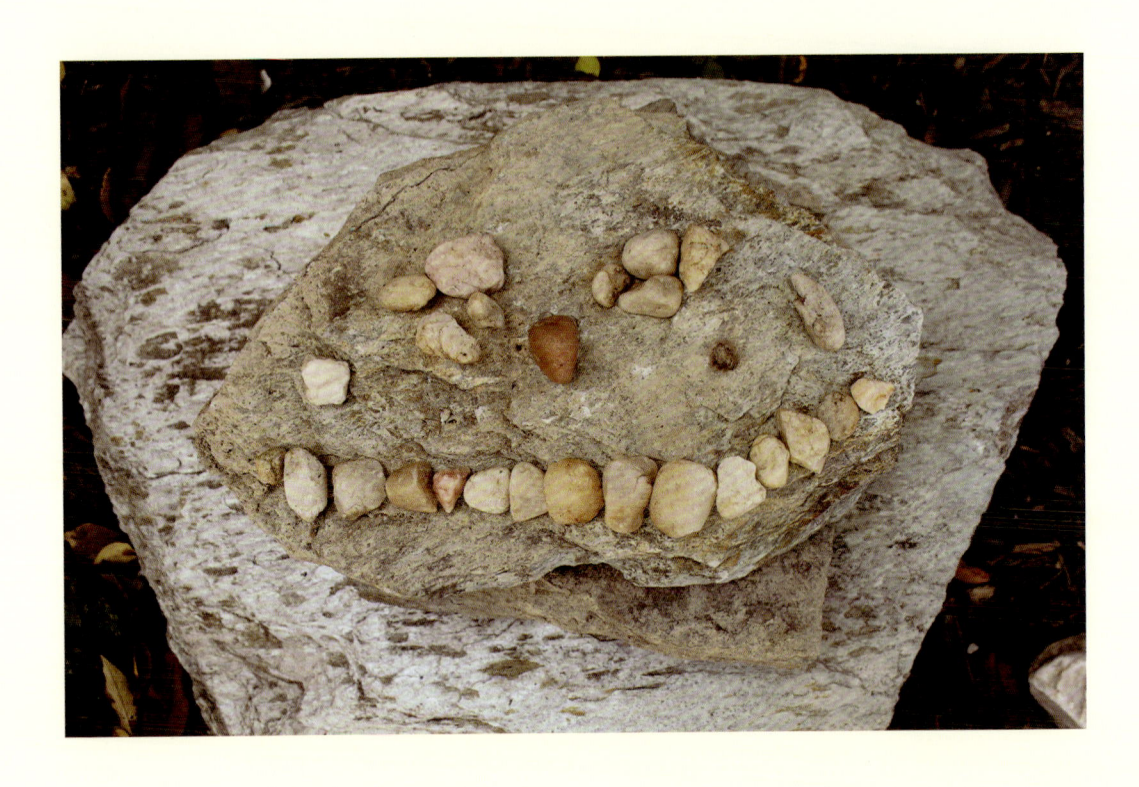

艺术活动 28 | 石塑、石冢

用石块或其他种类的天然材料进行户外艺术创作。首先，阅读安迪·戈兹沃西（Andy Goldsworthy）的作品，《石头》（*Stone*）或《时间》（*Time*），由艾伯拉姆斯图书公司（Abrams）分别在 2004 年和 2008 年出版。或者观看戈兹沃西和新影像集团合作拍摄的纪录片《河流与潮汐》（*Rivers and Tides*）。另外，在 http://landartforkids.com 网站上可以获取专门针对孩子的大地艺术的相关知识。

适合 3 岁及以上儿童。

材料

- 石子、石块、鹅卵石
- 用来运送石块的桶或儿童独轮车（可选）

步骤

1. 先在院子里找找有没有可利用的石头。如果没有，跟孩子一起出门，去河边、湖边或公园这些地方找找看。
2. 开始搭建石塑。将三四块石头堆起来或将石头摆放成直线，圆圈，或人脸。让孩子不断地调整石块的位置，不断地尝试，创作出塑像或图案。
3. 待孩子完工，拍照。如果是在离家较远的地方创作，一定要记得拍照。

其他方法

- 如果自家院子里没有石头，而孩子又喜欢这个游戏，可以从附近的采石场购买石头——种类和大小都不重要，有的可以送货上门。

- 任何天然物品都可以用来创作大地艺术，绝不仅限于石头。砖头、木棍、原木、泥巴、树枝、树叶、花朵和小草都能派上用场。

艺术活动 29 | 用玩具汽车画画

利用玩具汽车轮作为绘画工具，是不是别出心裁？这可是学步期和学龄前的儿童非常喜爱的创作方法。

适合 1 岁半及以上儿童。

材料

- 美纹胶带
- 纸
- 蛋彩颜料
- 浅盘之类，用来盛放颜料
- 玩具汽车和拖拉机

步骤

1. 将纸张固定在工作台面上。

2. 将颜料倒在浅盘中，放到纸边上（或

者直接将颜料倒在纸上,一小滩即可)。
3. 孩子在颜料中开动汽车,将轮子蘸满颜料,再将车子开到纸上。让汽车四处跑,来回反复。

其他形式

◆ 也可以将旧床单或大块的装修防护用纸放到户外,用石头压住,让孩子在上面画画。

◆ 进入写实主义阶段的孩子会尝试用轮子画出具体的人物或绘出场景。

艺术活动 30 | 滚轴画

利用普通滚轴和迷你滚轴创作绚丽多彩的图案，又新奇又好玩。

适合 1 岁半及以上的儿童

材料

- 胶带
- 重磅纸，越大越好
- 蛋彩颜料
- 浅盘，比如碟子或馅饼盘，装颜料
- 迷你滚轴（五金店有售）或普通滚轴

步骤

1. 用胶带将纸固定在工作台面上。
2. 将颜料倒入浅盘，挨着纸放好。
3. 滚轴蘸满颜料，在纸上反复滚动作画。

其他形式

- 迷你滚轴搭配小黑板，适合在室内使用；普通滚轴尺寸较大，适合在户外使用，可以提上一桶水，直接在人行道上画。
- 擀面杖也能用作绘画工具。把几个橡皮筋抻开在短擀面杖的两头，滚动擀面杖，让儿童观察画出的线条和图案。或者将泡沫贴纸粘在擀面杖上，反复滚，纸上就会留下重复的图样（作品可用作包装纸）。
- 玉米芯和松果也能创作出有趣的图案。

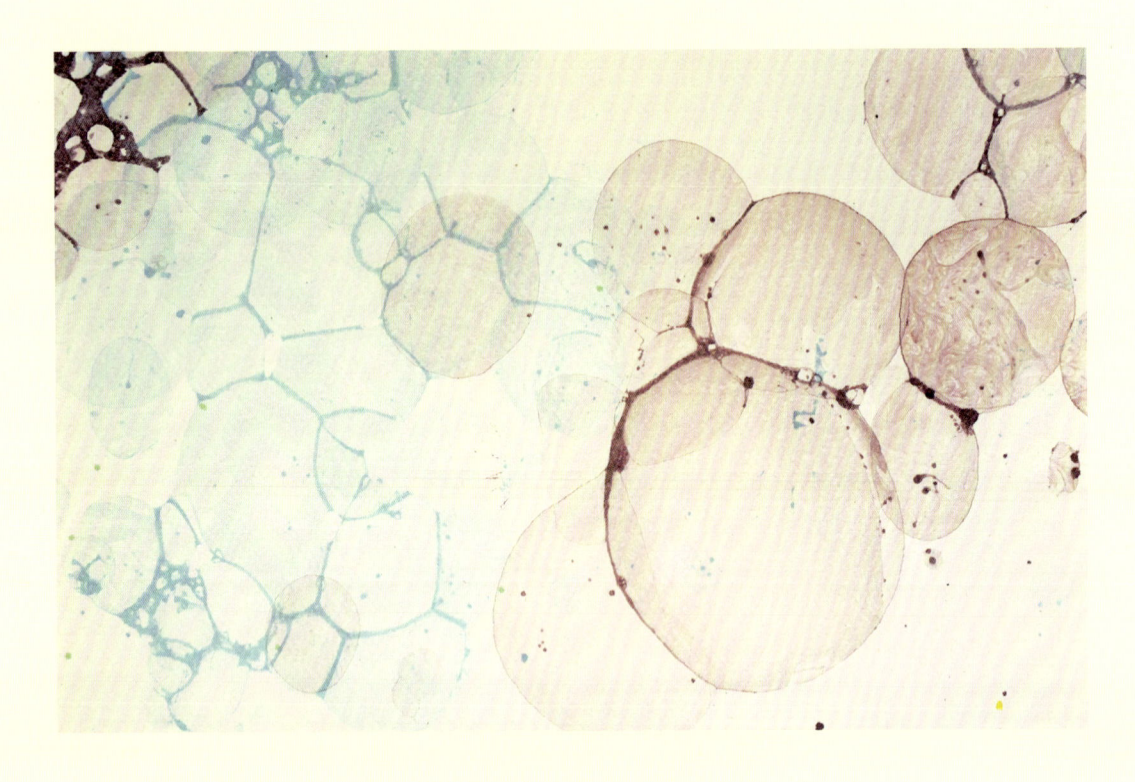

艺术活动 31 | 泡泡画

五颜六色的泡泡,画出精美俏丽的图案。

适合 3 岁及以上儿童。

材料

- 泡泡液
- 食用色素或液体水彩
- 馅饼盘或浅的烘焙盘
- 大头针或缝衣针
- 吸管
- 纸

步骤

1. 将泡泡液和食用色素或液体水彩在馅饼盘中混合。

2. 在吸管中部戳个小孔,防止孩子把泡泡液吸到嘴中。

3. 将吸管插进泡泡液中，吹出许多泡泡。 即可。
4. 将纸轻轻地盖在泡泡上，然后拿下来，

艺术活动 32 | 吸管吹画

孩子们喜欢用吸管吹出图案。

适合 2 岁及以上儿童。

材料

- 大头针或缝衣针
- 吸管
- 液体水彩或稀释的蛋彩颜料
- 水彩画纸或卡纸

步骤

1. 在吸管中部戳一个孔,既保证孩子能吹出气流,又不会把颜料吸入嘴中。
2. 将颜料挤在纸上。
3. 用吸管对着颜料吹,使其四处发散。
4. 接着再加些颜料,继续吹,自由发挥。

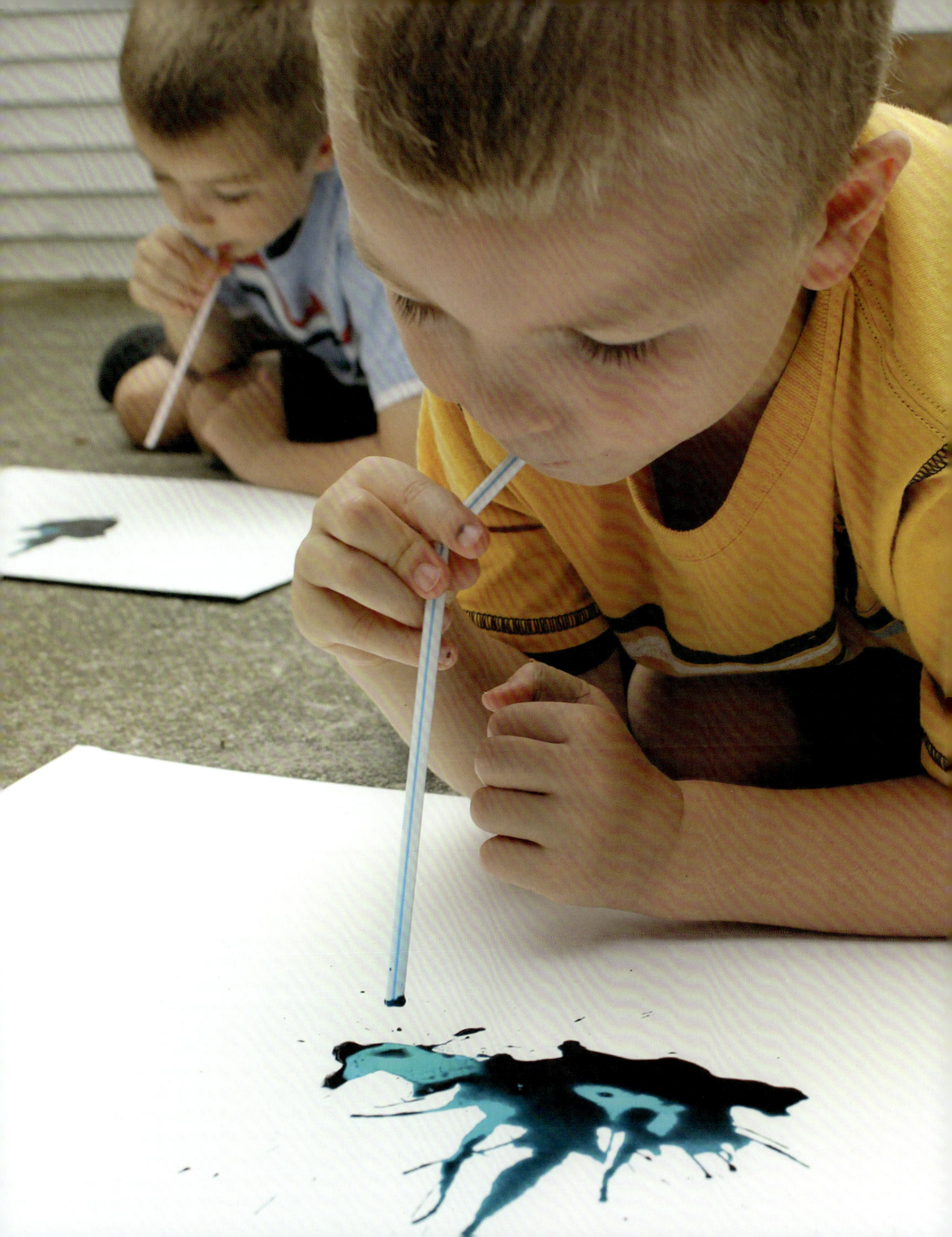

艺术活动 33 | 用胶带和线绳创作装置艺术 [1]

系绳子，打结，串起来，孩子们乐此不疲。自然，他们也很喜欢在屋子的角落捣鼓点装置艺术。

适合 3 岁及以上儿童。

材料

- 绳子、毛线、棉线等和一卷胶带
- 剪刀

---

[1] 装置艺术是一种兴起于20世纪70年代的西方当代艺术类型，它混合了各种媒材，在某个特定的环境中创造发自内心深处的和/或概念性的经验。在大多数的装置艺术中，艺术家的强烈张力扮演了极为重要的角色。——译者注

步骤

1. 给孩子普及一下装置艺术的概念：去艺术馆或上网浏览相关图片、信息。许多孩子玩这个游戏的时候并不了解什么是装置艺术，让孩子知道自己做的东西其实是某种严肃艺术形式，他们会倍受鼓舞。

2. 让孩子按照自己的想法，将线系在桌子椅子或是其他家具上。也可以让孩子围着家具或在地板上贴胶带，形成个圈，注意应使用容易揭下来的胶带。

3. 完成后，拍照留念，然后移除。

其他方式

◆ 可以结合其他材料，比如彩珠、羽毛或彩纸。

注意

◆ 事先和孩子讲清楚，因为空间所限，创作好的装置艺术作品是无法保留的。只有在车库或地下室进行该活动，作品才可以暂时保留，并可以在此基础上继续创作。这个活动也可以在户外进行，这样作品就能长时间保存，也可使用天然材料，让作品在时间中一点点消失。

艺术活动 34 | 旋转艺术

该游戏经久不衰,深受孩子们的喜爱。将颜料旋转,由于离心力的作用,颜料如射线般发散开,画下优美的图案。

适合 2 岁及以上儿童。

材料

- 大小合适的纸盘,刚好能放入沙拉甩干器,或自己用纸剪一个
- 沙拉甩干器
- 蛋彩颜料

步骤

1. 将纸盘或剪裁好的纸放入沙拉甩干器中。
2. 用勺子舀一种或多种颜料,倒在纸盘中间。

3. 将甩干器的盖盖好,旋转。

4. 打开盖子,尖叫吧,真是太美了。

5. 待其晾干。

其他方法

◆ 旋转餐盘、圆形旋转托盘或不用的卡带机,都能派上用场。将纸放进去,转起来,都能画出美丽的图案。

艺术活动 35 ｜ 苍蝇拍画

拍，拍，拍，拍出画画来。易弄脏场地，宜户外进行。

适合 2 岁及以上儿童。

材料

- 大张画纸或旧床单
- 蛋彩画颜料
- 价格低廉的塑料苍蝇拍
- 浅盘或馅饼盘（用来盛颜料）

步骤

1. 将纸或旧床单铺在地上，固定在墙上、围栏上亦可。
2. 将颜料倒入盘中，浅浅一层即可。
3. 将苍蝇拍蘸满颜料，反复拍打，画出图案。

219   11 行动艺术

探索必备工具包：用实验性的视角看生活

凯丽·史密斯

我是一名艺术家，也是一位母亲，以我所见，艺术和生活绝不应当被分离或割裂。然而这样的想法和做法却处处可见，并深深植根于我们的文化中。最终恶果是，"创造力"被关进了它自己那个整洁干净、易于清洗的小盒子里，里面装着些艺术材料和工具。人们误以为，艺术和创造仅囿于小小的范围（比如画画、手工啦），并总是将其和具体的艺术工具及材料（笔、颜料和纸）联系起来。更糟糕的是，我们的孩子也深受其害，他们不自觉地认为，所谓"艺术"，就是涂涂画画，做做手工，无法将创造性的思维和生活相结合。儿童天生的探索精神非但得不到释放，还被现成的工具和已知的使用方式所捆绑，更别提自我探索和自我实践了。

怎样用实验性的视角看生活？怎样将实践和日常生活结合？大人们给孩子做个好的示范，在我看来是非常有必要的。举例来说，在杂货店，问问孩子："看看有多少种颜色的大米？"在游乐场，可以问："你能听到多少种不同的声音？"或观察蚂蚁的行动。从小到大，我们脑子里形成的关于"艺术"的定义，都是狭义的。我建议大家把心中那些陈腐的"艺术"或"创造性"的标签扔掉，这才能有更广阔的胸怀，更好地拥抱和探索这个广大的世界。具体怎么做？鼓励自己，也鼓励孩子，在不同的场合和情境中观察、实践。

为人父母，你一定发现了儿童在探索尝试时，并没有大人所表现出的那种顾虑。我们担心会不会把衣服搞脏，万一犯错了如何是好，或总是纠结于结果，而孩子们则是勇往直前。因此，我们只需要给孩子提供一个大的框架和方向，然后，乖乖地做他们的学生吧。我强烈建议父母们应该把"艺术"和"创造性"的定义无限放大，放大到包罗万象，容纳所有的体验。只有这样，我们的孩子才能

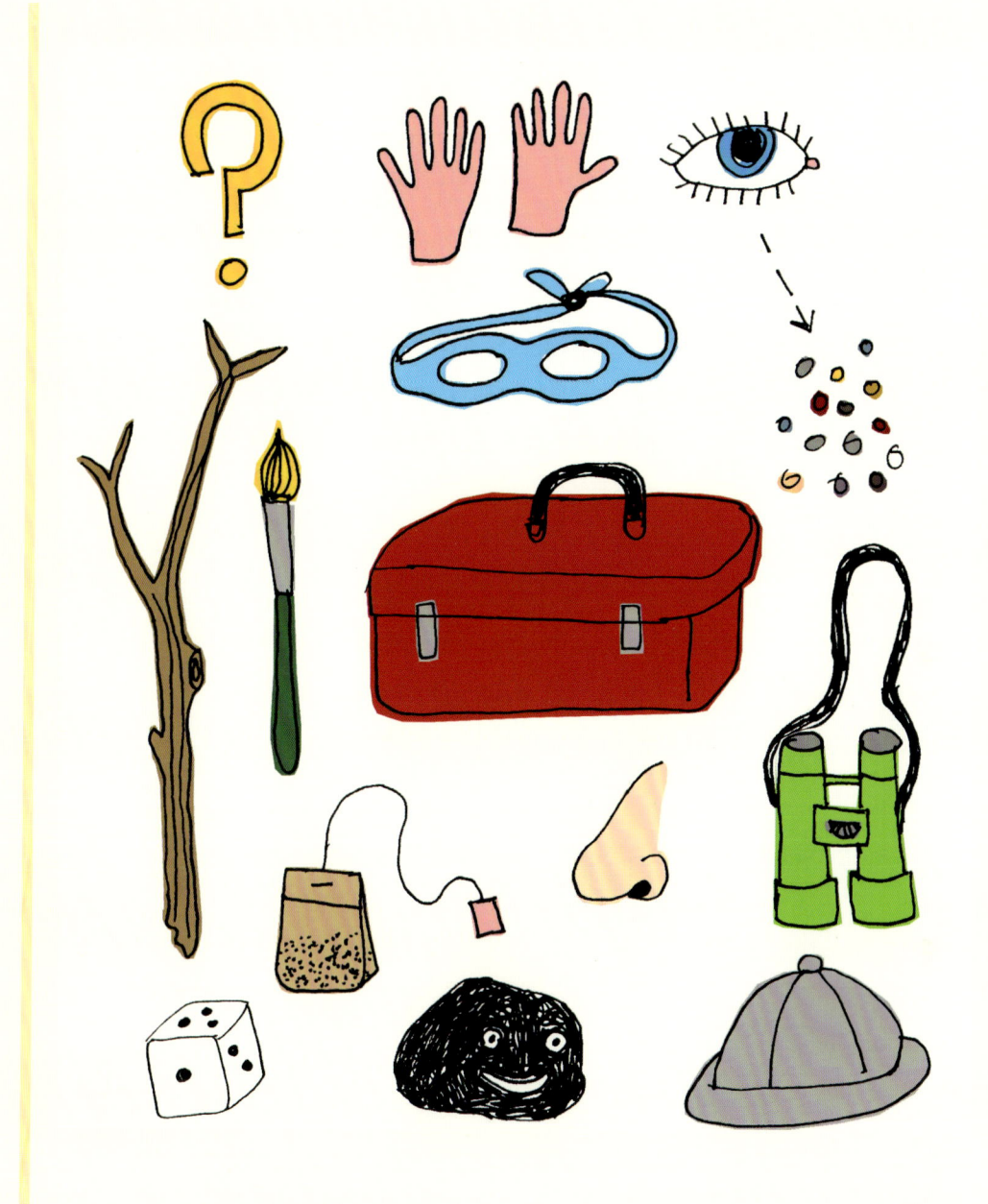

够在任何时刻、任何场合无拘无束地进行创造性思维。无可否认，要做到这一点很难，特别是一天下来，你感觉好像一直跟在孩子后面打扫清理。但是要坚信，我们越是放得开，愿意尝试，越是能够更好地体验生命中的潮起潮落，悲欢离合（我们必须接受，生命本就是永动的状态，总是处于变化之中）。

鼓励孩子探索的若干方法

最简单的方法就是问孩子："要是……会怎样呢？""用泥巴或者茶画画，会怎样？这个木棍可以用来画画吗？你观察观察地面上的碎石头，有多少种颜色？这些树叶能当纸用吗？碗能不能用作绘画工具？"

尽量拓展孩子的想象空间也很重要。我写了本书，名叫《如何成为一名世界的探索者》(*How to be an Explorer of the World*)，在这本书中我谈到爱因斯坦喜欢问一些只有凭借想象才能解答的问题，比如："如果你会飞翔，那你看到的世界是什么样的？要是每棵树上都有一扇秘密门，会是怎样的？"

大人可以通过跟孩子一起玩角色扮演的游戏，拓展想象。"现在你是个侦探，要寻找线索，怎样才能在这个游乐场找到线索？附近有什么能派上用场的工具吗？"

"会不会我们生活的世界万物都是有生命的？你觉得那块岩石的性格是什么样的？我们给邮箱、汽车或是那棵树起个名字，好吗？"和孩子一起，给每样物体都编个故事。

另外一个方法就是和孩子玩纯粹靠运气的游戏。其中所包含的不确定因素使得游戏富有趣味性，也能更好地调动孩子的积极性，让他愿意尝试平时自己不乐意做的事情。比方说，列出六种走路方式（单脚跳啊或者乌龟爬等），分配编号，然后掷骰子，掷到几，就必须按照对应的方式走路。

将艺术和创造与我们的生活有机地结合，使之成为习惯。"来，孩子们，把探险服找出来（一顶旧帽子和双筒望远镜），我们探险去。把这个收纳袋装饰一番，搜寻材料的时候用，怎么样？寻找猫头鹰的时候，我们需要一根特殊的手杖。我们可不可以发明一把神奇的尺子，用来丈量动物留下的足迹？"

12 适合休息和过渡时段的安静艺术活动

创造力是取之不尽，用之不竭的。用得愈多，创造力也愈丰沛。

——玛雅·安吉罗（美国黑人作家，剧作家，诗人）

有些家庭会给孩子们在日常生活的过渡时段特意安排些艺术活动。譬如早餐后和孩子一起画画，开始美好的一天。还未上幼儿园的小朋友，如果不肯睡午觉，有个对策就是让他每天午饭后来点安静的艺术活动。要是不止一个孩子，可以准备个艺术箱，里面放上素描本、马克笔、贴纸等艺术材料，这样小宝宝睡着时，大孩子自己也能安静地玩一会。艺术箱里可放些专供安静艺术活动使用的特别材料，比如带香味的马克笔、金粉蜡笔或趣味贴纸。

本章所介绍的活动，在休息和过渡时段进行最好不过，既不会搞得乱七八糟，对材料的要求也不高。许多活动稍事准备，孩子即可自主进行。

我经常在玛雅放学回家之前想好让她玩什么，并给她准备好工具材料。沙发上摆本刚从图书馆借回来的书；桌子上放上彩泥和配套工具；或在餐桌上放好纸和打孔器。虽然准备好的游戏她们不是样样都想玩，但总有一两样能够吸引姐妹俩。

怎样才能让孩子在安静时间喜欢艺术活动？设置专门的可随时使用的艺术空间非常有必要。在那里，有些孩子径直就玩了起来，而有些孩子则需要你的鼓励才肯尝试。

每位父母都希望孩子能够安静独立地玩上一段时间,这确实是必要的;然而也要记得,和一起孩子画画,将面团整成太阳、月亮或星星形状,和他们共同度过一段平静又安逸的时光,实现情感的交流和心灵的对话,同样可贵。

225　12 适合休息和过渡时段的安静艺术活动

艺术活动 36 ｜ 洞洞挑战画

各式各样的纸，各异的形状和大片的负空间（实体周围的空间），挑战孩子的想象极限，激发新意，让他们的绘画别具匠心又不落窠臼。

适合 2 岁及以上儿童。

材料

- 各色各样的纸（大小、颜色没有限制，复印纸、广告纸板等各种纸皆可）
- 剪刀
- 绘画工具，马克笔或蜡笔等

步骤

1. 在纸上挖出一个洞，大小、形状及位置不限，纸中央或边上，圆形、方形皆可，或者在纸上随意留下些抽象的斑点图案。

2. 将处理过的纸摊开，绘画工具摆放好。

3. 耐心等候，看着孩子完成他的作品，无论孩子怎样画，都无须干涉。

其他方法

- 也可以让孩子在剪下的图样上画画。
- 定期地让孩子参与该形式的绘画活动，每次可略有些改变——洞的形状、大小、数量以及纸张的大小、颜色、材质都可不同，或者先剪出各种形状，然后再贴到另一张纸上，让孩子进行创作。可以在篮子里放上各种各样处理过的纸张，用起来非常方便。另外，工具尽量多样，可以给孩子准备铅笔、钢笔、蜡笔、水彩颜料、彩色铅笔、蛋彩颜料、金粉胶水和剪贴画材料等。
- 孩子可以互相挑战，给对方准备纸张。

注意

- 如果孩子对于此项活动感到困惑，认为纸上的洞是块瑕疵，家长应耐心给孩子解释，这是一种新的游戏方式，他可以随心所欲地尽情创作。若还是迟疑不决，可以建议孩子先在洞洞的周围随意画点什么。

艺术活动 37 | 镜中自画像

孩子直接在镜子上画出自己，可帮助孩子将双眼所看见的和小手所画出来的更好地联系起来。

适合 4 岁及以上儿童。

材料

- 大面镜子（手持化妆镜大小）
- 玻璃专用蜡笔

步骤

1. 让孩子坐或站在镜子前，认真观察自己。一起说说他的长相，五官如何——眼睛、鼻子、头发、睫毛，还有眉毛等。
2. 问问孩子，想从哪里开始画起。
3. 孩子无法如成人一样画得很逼真细致，没有关系。待差不多画好时，问问他还有没有什么要添加的。或者这样说："你的眼睛上还有睫毛呢，要画出来吗？""瞧瞧你的鼻子上的小雀斑，怎么落掉了？"
4. 让孩子站在自画像边上，拍照留念。
5. 用肥皂和水即可将自画像清理干净，此项工作即便孩子也能完成，可以多留一会儿，让大家好好欣赏。

其他方法

- 用蛋彩颜料和细花刷来画自画像。蛋彩颜料可以很容易用肥皂和水清洗掉。
- 给窗外或玻璃门外的人画肖像。孩子通过玻璃观察一个人并画下来。

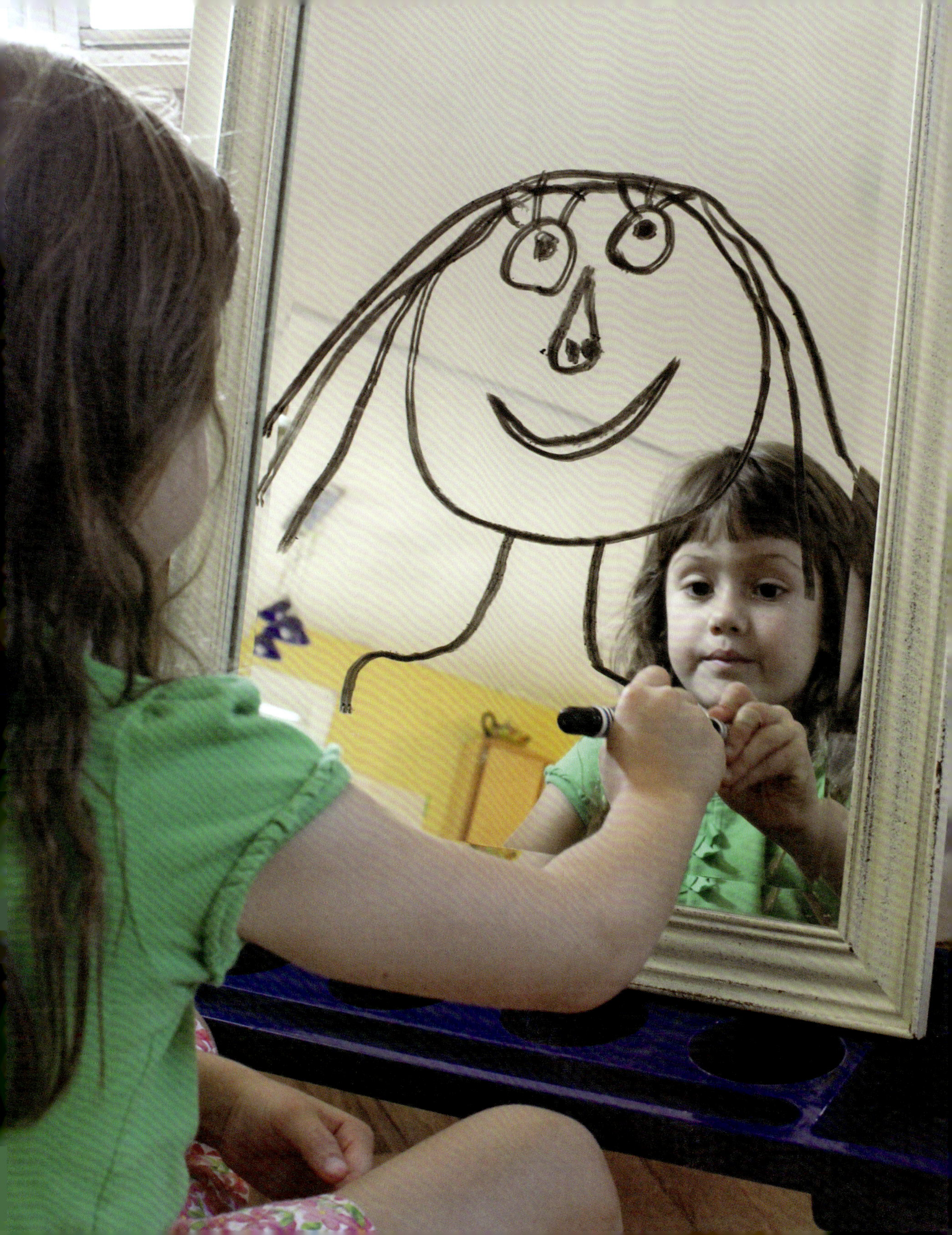

艺术活动 38 | 自己设计磁力贴

孩子自己设计创作磁力贴，然后用它们在冰箱上贴住家人的照片或孩子的画作，冰箱不仅焕然一新，而且也被赋予了新的艺术价值。

适合 3 岁及以上儿童。

材料

- 木质小圆片（艺术用品店有售）
- 细头的三福记号笔或其他品牌的不脱色记号笔
- 液体水彩
- 细头画笔
- 热胶枪
- 圆形磁铁（艺术用品店有售）

步骤

1. 用三福记号笔在圆木片上画好图案。
2. 用水彩给图案上色。鲜亮的颜色渗入木纹，光彩夺目。
3. 晾干。
4. 用热胶枪，将磁铁和圆木片的背面黏合。（儿童如何使用热胶枪，详见181页；如果孩子尚小，建议大人完成这一步骤。）
5. 大功告成，将磁力贴贴在冰箱上，即可固定艺术作品。

其他方法

- 不用马克笔，直接用颜料在圆木片上画出图案。
- 也可以将彩色纸片、零布料等剪贴画材料粘在木片上。

艺术活动 39 | 写生画

父母若能循循善诱，正确引导，即使是儿童也能将眼睛所看到的世界描绘出来。适合 4 岁及以上儿童。

材料

- 纸
- 绘画工具，比如钢笔或马克笔

步骤

1. 先决定画什么，条件允许的话，将其摆放在面前。最好从简单的画起，比如橙子或香蕉。孩子或许想画自己最感兴趣的东西，比如玩具机车。
2. 将纸和绘画工具准备好。
3. 同孩子一起聊聊所画物体的形状，怎

样将形状转换为纸上的线条和图形。你可以这么问:"橙子是什么形状呢?……圆圆的,像个圈,是吗?……将圆圆的橙子在纸上画出来,好不好?"谈话可以如此进行:"仔细观察橙子表面的纹路,如何画出来呢?"或"这些凸起很像点点,是不是?在纸上画些点点,和橙子表面是不是很像?"

4. 基本形状画好了,下面是细节处理。

注意

◆ 随着年龄的增长,和儿童自然的发展,辅以反复的实践,写生画技能也会获得相应的进步。

艺术活动 40 ｜ 白胶蜡块拓印画

先用金粉胶或白胶画画，然后用蜡笔拓印出图案。

适合 3 岁及以上儿童。

材料

- 卡纸
- 瓶装金粉胶或白胶
- 纸（复印纸等薄一些的纸）
- 胶带
- 蜡块（外包装纸去掉）

步骤

1. 用胶水在卡纸上作画。
2. 待其完全晾干。
3. 将纸覆盖在画上，边上用胶带固定。
4. 用蜡块均匀地刮，直到所有图案都拓

印好。　　　　　　　　　　　　5. 反复使用，可以制作多张拓印画。

其他形式

◆ 蜡块（外包装纸去掉）可以利用其他有纹路的物件，比如树叶（我女儿的最爱）等制作蜡块拓印画。

艺术活动 41 | 连续线条画

难以想象笔尖一直不离开纸面会画成什么样！连续线条画是艺术学校的必修课之一，孩子们也可以学着画。建议家长参看罗拉·朗科韦斯特（Laura Ljungkvist）的《跟着线条走》（*Follow the Line*）一书，维京童书出版。阅读时，手指沿着书中的线条移动，并鼓励孩子也这么做，讨论讨论，没有了短线条，一条长长的线如何勾勒出图案，又如何连接两个独立的图案。

适合 3 岁及以上儿童。

材料

- 纸
- 绘画工具，钢笔、马克笔等

步骤

1. 准备好材料。
2. 让孩子在纸上作画，并建议她在绘画过程中笔尖一直保持在纸上。无论是涂鸦，画花纹，都要画出连续的线条。可以先画螺旋形，让孩子搞清楚这项活动怎么玩。
3. 大一点的孩子会用连续的线条绘出脸、汽车等形状，而小一点的孩子多半是抽象涂鸦。

其他方式

- 屋子中的连续线条。让孩子利用胶带或绳子，在屋子里牵出一条线。线条可以拖在脚后面，只在地板上；线条也可以往上走，沿着墙壁，穿过沙发。
- 如果孩子觉得笔尖不离开纸面较为困难，那么用玩具小汽车和颜料代替。经常玩汽车，孩子们早已熟稔轮子如何不离地，这样画起来更轻松有趣。
- 如果孩子已经在学习画眼前的实体（详见232页，写生画），让他把视线集中在物体上，而非纸张上，并尝试用连续的线条画出来。或许刚开始的作品总会和实物出入甚多，令人忍俊不禁，但长远来看，这非常有助于培养手眼协调能力。

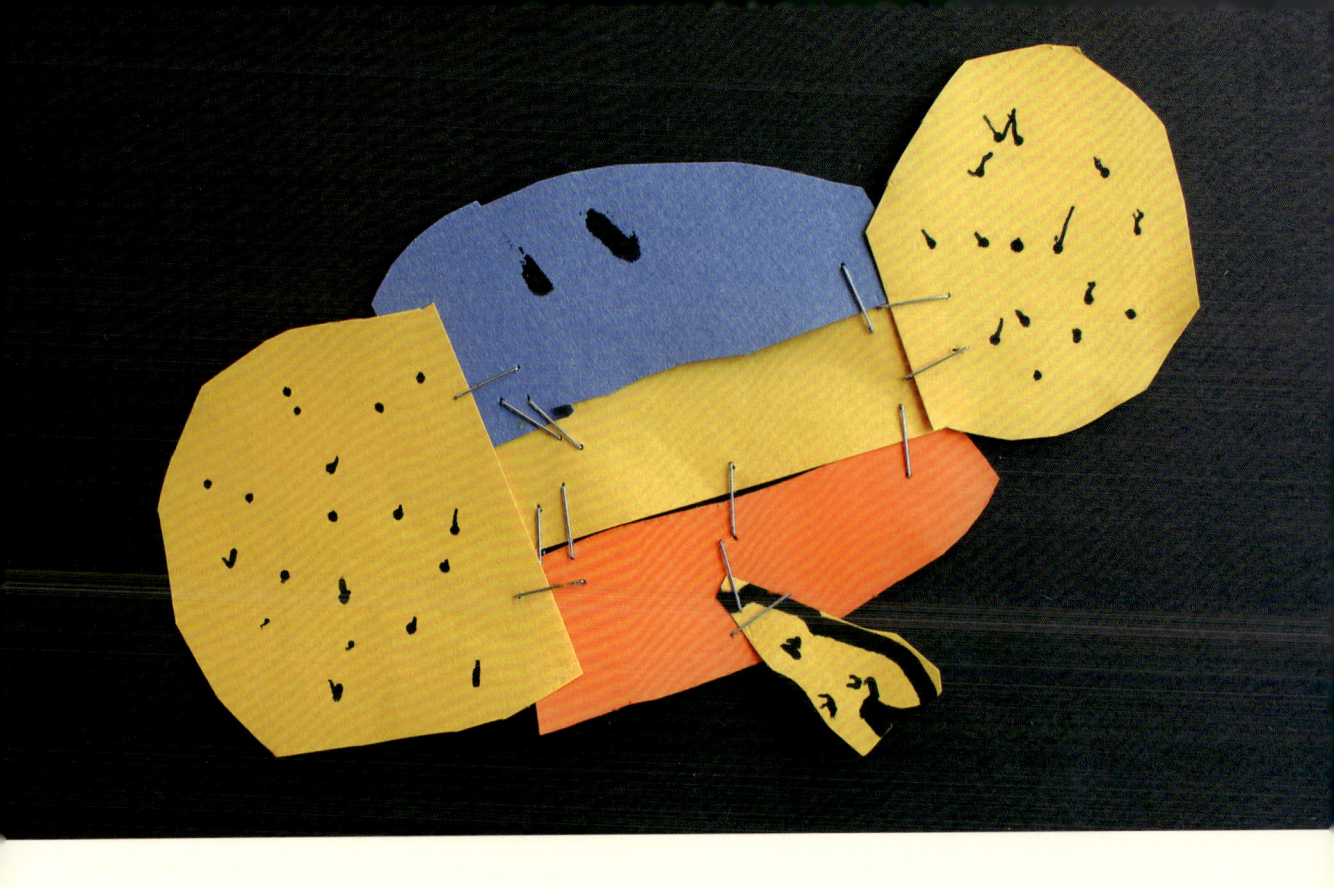

艺术活动 42 | 动物剪贴画

用碎纸片等剪贴画材料，拼贴自己最喜欢的动物，同时了解该动物的习性和形态。适合 3 岁及以上儿童。

材料

- 纸片（使用不同颜色、材质和图案的纸，比如环保纸袋、旧杂志、用过的便笺卡、旧挂历、美工纸或没用的艺术作品）
- 剪刀
- 胶水、订书机或胶带
- 重磅纸、卡纸或广告纸板
- 其他剪贴画材料，比如豆子、通心粉、活动眼、羽毛、瓶盖、锡箔、树叶、树枝、花朵等（可选）
- 马克笔或颜料（可选）

步骤

1. 帮助孩子自己选择一种动物，问问他："你最喜欢的动物是什么？"或"要是让你变成动物，你想变成什么？"

2. 大一些的孩子能够独立完成，年幼的孩子则需要父母的陪伴，希望父母问他一些引导性的问题（也有孩子只想做幅抽象剪贴画）。家长可以这么问："为什么你最喜欢非洲猎豹？""你喜欢蝴蝶什么呢？""如果你想变成小狗的话，你希望是什么颜色？"通过提问，孩子能更透彻地了解自己选择的动机，同时对于动物的颜色和外观也有更清晰的认识。是因为非洲猎豹跑起来特别快吗？是因为蝴蝶色彩斑斓、婀娜多姿吗？是因为小狗很好玩吗？

3. 帮助孩子选择适合的纸张，脑海里要反复浮现孩子给出的答案。问问他："什么样的纸做非洲猎豹最好呢？"或"这些材料哪个做蝴蝶最美？"如果孩子愿意，一起先看看相关的动物图片，或创作时把最爱动物的毛绒玩具摆在跟前。

4. 让孩子自己动手，剪出或撕出恰当的形状，制作动物的身体、头部、腿、耳朵和尾巴等。如果有不妥之处，或孩子觉得困扰，家长可以边打趣边进行引导："你要是变了小狗，尾巴是什么样？你想怎么做蝴蝶的翅膀？你的小猫有耳朵吗？"

5. 让孩子自行粘贴，一步一步地创作出动物。

6. 感兴趣的话，让孩子用马克笔、颜料或其他材料装饰细节部分。

其他形式

◆ 还可以用同样的方式剪贴出汽车、树木、楼房、人或恐龙等。

在嬉戏中探索艺术创想和艺术材料

蕾切尔·多利

任何伟大的艺术，都能独树一帜，自成风格。

——马蒂斯[1]

桌子上放了一张巨大的空白纸，似乎在冲我们招手，其后会发生什么，变幻莫测，无法预料。我和3岁的女儿，手里各拿着马克笔，我的橙色，她的蓝色。游戏开始，我先声夺人，在纸上画出一排圆圈，接着在周围随意地散布些星云状

---

[1] 亨利·马蒂斯（Henri Matisse, 1869—1954），法国著名画家，野兽派的创始人和主要代表人物，也是一位雕塑家、版画家。他以使用鲜明、大胆的色彩而著名。——译者注

的点点。女儿一直聚精会神地看着我，待我画好后，她琢磨了一会，也画了起来。只见她在圆圈之间画上粗粗的线，然后用一条歪歪扭扭的连续线将所有点点连接起来，随后她说："好了，该你了。"我们就这样来回切换，我先画些图案，激发联想，然后她添加线条、点点、圈圈或断续的线，用她的方式进一步诠释；最后，我们看着自己创作的"蠢萌的奇观"一起捧腹大笑。纸上画满了，女儿宣布此张到此为止，重新拿一张，继续游戏。艺术和游戏的结合，产生的效果如此令人惊叹。

为何惊叹？

艺术家兼作家罗伯特·亨利曾这么写道："不要执拗于怎样才能画出好的作品，我们更需要的是对于生命、对于自然的敬畏和好奇。"一旦根基扎稳，艺术材料的运用了然于心，你会惊喜地发现，艺术创作可以超越技术层面，上升到情感和想法的表达，以及对于世界的探索。我们所处的世界，总有语言无法诠释的时刻；而我们的经验也经常赋予我们无法诠释的情感。孩子甜蜜的亲吻，令人惊喜的生日会，乘坐过山车时的失重状态等，这许多时刻的情感超越了素常的平淡，如此微妙，只能借由艺术来表达。

玩游戏的时候经常要冒些风险。想想看，孩子们玩"过娃娃家"打扮的游戏。在游戏过程中，他们变成其他角色，说话和行事方式和平常自然不同。正是通过游戏和风险承担，我们将创造力推至了一个新的高度，随之而来的是更多的可能性。无可否认，画静物画，学习色轮是艺术学习的一部分，然而若在其中添加些游戏元素，不仅可点燃孩子的兴趣，提升孩子对于艺术的认知，还给孩子的冒险行为提供了安全的空间。

艺术游戏（让孩子惊喜）的五条准则

1. 专注当下。专门腾出些时间来，全身心地投入。如果和孩子一起玩得很开心，你根本觉察不到时间的流逝。

2. 不要自以为行家。没错，你受到的教育是比孩子的要多，但还是请你把游戏当作和孩子共同成长、共同学习的机会。以孩子的心态、孩子的知识水平来面对游戏，乐趣更多。

3. 允许犯错。让孩子看见你"犯错"，然后再改正。无论大错小错，目的是让孩子明白，世界上所有的事情并不一定会像预期的那样发展。从父母"犯错"和改正的过程中，他可学会怎样改正自己的错误。错误也可以是"柳暗花明"，它指引人们探索新的发现和思路。

4. 设置弹性的规则。如果你和孩子玩过游戏（或还记得自己小时候玩过），那你一定知道他们玩着玩着就会改变游戏的规则。父母应该接受孩子的游戏方式，而且，你一定会对他所制定的新规则感到惊讶。

5. 问开放性的问题。在任何艺术创作或探讨的过程中，家长都应该提出开放性的问题，比如，"这幅画怎么创作的？"或"你画的是什么？"尽量避免凭空推测或问封闭式的问题，例如，"这是云朵吗？"

13 适合多人的艺术活动

音乐有界，艺术无界。

——查理·帕克（美国著名爵士乐作曲家）

同其他人一起进行艺术创作与和家人一起或独立进行是迥然不同的体验，前者让你更有活力，也更好玩！不仅如此，团体性的艺术行为还能更好地激发那些略为稚嫩、犹疑不决的艺术新手们的创作热情。布置好场地，孩子们并排挨着，愉快地玩耍，小伙伴们就是生动的活教材——艺术原来可以让人如此专注和快乐。这一幕鼓励孩子积极地去效仿，也让他更珍视艺术的价值。

然而，天下所有的事情都是"双刃剑"，同伴的影响也不例外。如有面对艺术感到疑惑和犹豫的儿童，他们则会抑制其他孩子的热情。一个学步期的儿童如果不乐意碰触彩泥或颜料，边上的孩子完全有可能受此负面影响而裹足不前。反之亦然，如果有孩子忙得不亦乐乎，那么边上的孩子势必更敢于尝试。让迟疑不决的孩子坐到热情洋溢的孩子边上，不要施加任何压力，任其在最自然的状态下观察其他孩子的行为，正面影响的产生只是迟早的事情。

对于那些没有独立地给孩子安排过艺术活动，缺乏实战经验的父母，群体性艺术无疑也是福音。纸上得来终觉浅，切身体验艺术比看书的确更为有效。父母们会看到

如何使用艺术材料，别的父母和孩子怎么互动，自己的孩子又是如何参与到艺术活动之中的。实地观摩过一堂亲子艺术课、一群孩子的艺术活动或参加过艺术派对，父母们往往备受鼓舞，并能如法炮制，自己在家中策划和安排艺术活动。

群体性的艺术活动乐趣更多，益处更大，可是要想同时搞定几个孩子从来都不是件容易事。处于群体中的孩子更兴奋，更富有热情、创造力和想象力，若是操控不当，失控的局面将是无可避免的。在群体中，导致混乱的因素会加倍，只要有一个孩子四处甩颜料，其他孩子就会有样学样。一个孩子有时候已经够头疼的了，多一个孩子，等于头疼加倍。在选择艺术活动及相应的场地时，家长一定要考虑到这一点。我只有在天气晴好的时候才会带几个孩子一起玩易引起混乱的艺术游戏，因为在户外清理起来比较方便。拿着水龙头，跳到水池里，把身上的颜料洗洗干净，轻松又好玩。我给孩子们定期安排群体性艺术活动已经持续了 5 年，我始终认为其好处多多，远远超过了带来的麻烦。

怎样组织儿童艺术小组

儿童艺术小组无须太过正式，先由家长牵头，让孩子们一起玩耍，然后再定期地添加些艺术元素就可以。找到和自己家孩子年龄相仿的小伙伴，并确认这些家庭对艺术培养也有兴趣，就可以玩起来了。这个方法既保证了足够的趣味性，让孩子们在群体的环境中嬉戏，同时，家长也会受益良多，特别是你已经从书中学到的一些主意，完全可以应用到实战中。儿童艺术小组如果能定期活动，其好处是全方位的，首要的是处于社交环境中的父母，在将艺术引入家庭的过程中，能够互相学习，取长补短。

这里有几条具体的行动准则供大家参考。

你需要什么样的儿童小组？

是希望像我们家一样，组织个小朋友可以互相玩耍，大人互相交流的团体吗？还是想要那种更规整、更正式的艺术课程班？无论如何选择，家长应注意，小朋友注意力集中的时间非常有限，不会很长。

如何决定小组的规模？

我们的艺术小组多的时候有 10 个家庭参与，最少的时候是 4 个，对于新手，我的建议是最好人数少点，必须考虑到空间大小的因素以及对于孩子的包容度。哪怕只有两三个家庭，只要能定期活动，也很好。当然，最理想的规模是大约四五个孩子，毕竟不是每个家庭都能定时参加活动。

如何联系到对艺术小组也感兴趣的家庭？

首先，向朋友或其他认识的人打听。其次，可以通过 Facebook、邮件列表、雅虎社区、家教社区或育儿社区发布信息。再者，在咖啡店、合作机构或图书馆等孩子出现比较频繁的场所发小传单。传单上应讲清楚你将要筹建儿童艺术小组，留下联系方式，并邀请有意向的家庭参加。

费用如何分担？

第一个方法是每个家庭每周都缴纳一定的费用，两三美元即可，用来购买艺术材料等物品，譬如胶带、擦手纸巾、肥皂、小零食等。将钱放入小瓶中，随用随取。第二个办法是派遣一位家长购置所需物品，然后告知其他家长总的花费，大家再分摊。再者，大家轮流来，某一周轮到哪个家庭，就由该家庭负责这一期活动的费用。当然，如果你积累了足够的经验，对于儿童艺术活动的掌控游刃有余，完全可以自己开个艺术班，参加的家庭缴纳一定的费用——这对你的付出也是一种认可。

艺术活动的频率和场所

是一周一次还是两周一次？每次都在你家还是每个家庭轮流来？或者找个专门的场所，譬如社区活动中心？

还需要什么？

团体艺术活动所需的材料和单个孩子进行时差异并不大。鉴于孩子们玩的许多艺术活动都会用到颜料和胶水，所以一定要有不怕弄乱弄脏的独立艺术空间。另外，大小适宜的桌子和基本的艺术用品也是必需的，尤其要保证开始的第一周活动的所需。

不需要还没开始就想着把什么材料都备全！最后，要提醒其他家长们给孩子穿上不怕脏的衣服（即使是"可洗"颜料也不会不留下一点污渍），或者在衣服外面套件防护罩衣或旧的大 T 恤也行。

孩子们的表现

小朋友，特别是学步期的孩子，注意力集中时长非常之短。有时候画了 5 分钟就不玩了，也有时候可以持续半个小时。儿童注意力时长的差异受到游戏种类、孩子的心情和群体氛围的影响。（如何延长活动时间，详见 266 页，朱莉·里德尔来支招。）那么多余的时间做什么呢？

我所组建的艺术小组每次开始都有个缓冲期，大人先寒暄一会儿，小朋友们也先一起嬉戏（大约 45 分钟）。接着进入艺术工作室，通常我会根据本周的活动预先安排妥当。孩子们开始艺术活动，差不多二三十分钟的样子，玩累了，洗洗干净，吃点心，然后接着玩。部分孩子 5 分钟就结束了（甚至不玩的也有），也有部分孩子宁愿放弃点心时间，一直忙碌。

并不是每一次的活动都很成功，总是有高峰和低谷，尽管有时候孩子们不乐意分享，游戏进行得也不尽如人意，但总体来说，一切还算平稳顺利。

艺术种类的选择

相对而言，有些艺术材料和游戏更适合群体活动使用。一般来说，不涉及过多一对一指导，步骤也不太复杂的活动更适合集体进行。绘画的种类丰富，方法多样，简单易行，是开展最多、最受欢迎的艺术种类，其他如做剪贴画、捏黏土、捏彩泥和简笔画也很适用。

自己不是艺术家，也没有艺术教育的专业学位就组织儿童艺术小组，是不是不够格？这点无须多虑。只要拥有一颗对于艺术的炽热之心，敢于面对脏乱的勇气，独立的艺术空间（你自己的或别人提供的都可以）和基本的艺术材料，就完全能够胜任。除此之外，要做好组织和筹划工作。我们每周三聚会，我一般都提前几天发邮件告知本周将要进行的艺术活动以及所需要的材料。有时候我们会在碰面的时候讨论下周的活动，有时则会预先给每个家庭发一张单子，列出活动种类，然后大家投票决定。

13 适合多人的艺术活动

艺术活动 43 | 弹珠滚画

弹珠表面滚上颜料，然后在纸上滚出一副现代画。

适合 3 岁及以上儿童。

材料

- 有边的饼干纸、烤盘或浅纸盒
- 大小合适的纸（放在烤盘中）
- 蛋彩颜料
- 马芬烤盘或鸡蛋箱（盛颜料）
- 勺子
- 玻璃弹珠

步骤

1. 将纸放入烤盘中，铺好。
2. 在马芬烤盘的每一格中倒入不同颜色的颜料，并放一个小勺子在格子中。
3. 将弹珠放入颜料中，用勺子翻滚，使

其滚满颜料。

4. 用勺子将弹珠舀起，放到纸上。
5. 将烤盘稍稍倾斜，让弹珠滚起来。孩子可以独立完成或合作，每个孩子托住一边，协调好方向，然后滚动珠子。
6. 换一个滚满颜料的弹珠，重复步骤5，直到孩子们对作品满意为止。

其他形式

- 加大版的弹珠滚画。准备好一大块发泡塑料（胶合板或伸展画布），然后在边缘粘上硬纸板，挡住弹珠。将弹珠放上去，滚动。加大版的可以让更多孩子参与进来。画好后，将边缘的硬纸板拆掉，展示作品。
- 戏水池滚球画详见260页。

艺术活动 44 | 得令游戏——"画画,开始!"

　　一声令下,开始画画!孩子们立刻行动起来,根据指令画点点、画曲线或滑稽的面孔。这个游戏特别适合大家庭或在派对上玩耍,也是女儿最喜欢和我玩的安静时段游戏之一。在家也好,咖啡店也好,或等待就诊时,她总是反复地请求我跟她一起玩。

　　适合 3 岁及以上儿童。

材料

- 一卷大尺寸纸张(画架用纸、装修用的防护用纸或屠夫纸)
- 胶带
- 绘画工具,比如马克笔或油画棒

步骤

1. 将纸铺在桌上,四个角固定。
2. 让所有小朋友坐到桌边,每人拿不同颜色的马克笔。
3. 口令举例如下:
   - 画点点
   - 画条纹
   - 画曲线
   - 和对面的小朋友换个位置
   - 画锯齿形
   - 画滑稽的脸
   - 将手中的马克笔递给你右边的人
   - 画怪物
   - 画些很小的东西
   - 站起来,沿着桌子,向左走5步
   - 画些很大的东西
   - 画生活在大海里的生物

   你也可以自己编一些口令。
4. 画好后,命令"停下!"大家一起欣赏团队创作的作品吧。

其他形式

- 组员可以轮流担任发号施令的人。
- 口令为"画画!"孩子们不一定非得只是画画,可以进行各种不同于绘画的艺术活动。
- 每个孩子可以独立使用一张纸,不必共用一整张。
- 口令为"跳舞!"(或"奏乐!"),可将多种艺术形式相结合。

艺术活动 45 | 组合人物画

　　团体中的每一个孩子画出人物身体的一部分，组合起来，就是个滑稽搞笑、令人捧腹的人物啦。这个游戏我小时候和家里人一起玩过。

　　适合 4 岁及以上儿童。

材料

- 纸
- 绘画工具，比如钢笔、铅笔或马克笔

步骤

1. 每位组员拿到纸后，竖着放，放好画画工具。

2. 在纸顶部先画头和脖子（人、动物或外星人皆可），不要让其他人看见。

3. 将画好的部分折起来，只露出脖子底部的一点点。
4. 将纸递给自己左边的人。
5. 下一个人以脖子底部为起点，开始画躯干和胳膊，画好后，折起来，只露出腰线底部，然后递给左边的人，或在小组中前后传递。
6. 下一个人沿着腰线往下画，画到膝盖。同样，将纸折好，递给左手的人。
7. 沿着膝盖往下，一直画到脚，将纸折起来，完全看不到，然后传给左边的人。
8. 大一点的孩子或成人打开前，可以在纸上添上名字，譬如外公、布拉德·皮特、伊丽莎白女王等，然后再将纸传给左边的人。
9. 现在所有人把纸打开，看看组合出的人物滑稽吗？然后传阅，并分享其中的乐趣吧。

艺术活动 46 ｜ 自制石膏宝物箱

将宝物嵌入湿石膏，自己动手，制作独一无二的宝物箱。

适合 1 岁半及以上儿童。

材料

- 没用的塑料容器［至少 2 英寸（约 5.1 厘米）深］
- 凡士林
- 用来做宝物的材料，比如珠子、纽扣、亮片、碎布头，或旧玩具的小零件
- 石膏
- 牛奶盒或不用的碗（混合石膏用）
- 不用的勺子或油漆搅拌器（搅拌石膏）

步骤

1. 在塑料容器的内壁均匀地抹上凡士林,这样石膏容易取出。
2. 在容器底部摆放一部分宝物。
3. 根据说明,将石膏调好——通常石膏和水的比例是 2∶1。(这一步骤最好由家长完成,石膏颗粒细小,吸入会对孩子健康不利。)
4. 将调配好的石膏倒入塑料容器中。
5. 让孩子在石膏表面摆放剩下的宝贝,他们通常非常享受这个过程。
6. 待其完全晾干。
7. 将石膏宝物箱从塑料容器中取出,展示,亦可用作镇纸。

其他方法

◆ 可以用天然物品做宝物,譬如花朵、树叶、橡果、鹅卵石、豆荚和树枝等。注意新鲜的装饰物如花瓣和树叶等几天过后会干枯。如果想长久保存宝物箱,要先将其晾干,或者选择不会干枯的物品。

提示

◆ 没用完的石膏要扔进垃圾箱,不能倒入水槽,会堵塞下水管道。

艺术活动 47 | 用花朵、松枝和羽毛画画

使用花朵、松枝和羽毛作为绘画工具，创造出的作品别具艺术风格。

适合 1 岁及以上儿童。

材料

- 大尺寸纸张，比如画架专用纸或屠夫纸
- 胶带
- 颜料
- 浅盘子、碟子，或派饼盘（盛颜料）
- 天然物品（花朵、木棍、树叶、羽毛或松枝等）

步骤

1. 将纸放在桌面上（共同创作），用胶带固定好。颜料倒入浅盘中。
2. 将天然物品摆放好。如果孩子愿意，可以在院子里或附近走走，让他们收集自己想要的绘画工具。
3. 用松枝或其他天然"画刷"蘸颜料，在纸上作画。让孩子们挥毫泼墨，按各自的喜好，使用"画刷"的种类多少随意，创造出独特的作品。

其他形式

- 既可以集体创作，也可以每个孩子一张纸，独立创作。
- 用广告纸板替代纸张，用网格划分区域，然后让孩子在规定区域内使用同一种天然物品作画，然后比较笔触的差异。

艺术活动 48 | 戏水池滚球画

小艺术家们需要通力合作,让球在戏水池中的纸面上翻滚,作画。

适合 3 岁及以上儿童。

材料

- 胶带
- 装修用防护纸或屠夫纸
- 儿童使用的塑料戏水池
- 蛋彩颜料
- 派饼盘
- 不同大小的球

步骤

1. 用胶带将纸固定在戏水池底部。
2. 在派饼盘中倒入一层浅浅的颜料。
3. 将球浸入颜料中,裹满颜料。
4. 将裹满颜料的球放入戏水池中。

5. 让两个或更多的孩子抬起戏水池，协调好方向，倾斜，或直接晃动戏水池，使球滚起来，留下色彩丰富的图案。

其他方法
- ◆ 本游戏的缩小版详见 250 页的弹珠滚画，适合人数较少时玩耍。

艺术活动 49 | 音乐椅子

音乐一变,孩子们就得换位置。

适合 3 岁及以上儿童。

材料

- 纸
- 颜料放入杯中,一人一种颜色
- 画刷
- 音乐播放器(CD 机、八音盒、数码播放器等)

步骤

1. 准备好桌子,要足够大,能坐下所有孩子(这个版本的音乐椅子游戏中途不会有人淘汰出局)。将纸铺在桌上,每个孩子面前放一杯颜料和一支画笔。

2. 让孩子们坐好。

3. 讲解游戏规则。音乐播放时，跟着音乐进行创作。音乐停止，放下画笔，端起颜料杯，拿起画刷，沿桌子顺时针移动，音乐再次响起时，挪到下一个位置，并跟着音乐画画。

4. 如果孩子愿意，每次尝试不用种类的音乐，并告知孩子，绘画风格可以与音乐风格相匹配（至于怎么匹配，他们自己决定）。

其他方法

◆ 如果孩子是独自玩耍，可参见198页的"音乐画"。

艺术活动 50 | 合作壁画

孩子们共同合作,完成一幅主题壁画。

适合 4 岁及以上儿童。

材料

- 胶带
- 适合画壁画的纸,如屠夫纸或装修用的防护纸
- 绘画工具,马克笔、蜡笔或钢笔等
- 蛋彩画颜料(放在防泼颜料怀中)
- 画笔

步骤

1. 用胶带将纸固定在墙上、栅栏上或地板上。

2. 在开始动手之前,和孩子们讨论讨论壁画的主题。大家有不同意见吗?

如果一个孩子要画大海，另一个想画城堡，可以让他们想办法解决，譬如两种都画，或者一人画一边。孩子们愿意每个人负责一部分吗？如果主题是大海，可否有个孩子专门画鱼（或某种鱼），有个孩子负责水母，有个专画海草，有个画鲸鱼，或者船只、海浪、海星、海豚、泡泡等？

3. 开始画画，孩子们愿意的话，可先画出轮廓。
4. 上色（如果跳过第3步，可以用颜料画）。

其他形式
- 省略纸张，直接在墙上创作（室内室外皆可）。
- 不用颜料，用马克笔等绘画工具创作。

提示
- "他占了我的地方！""明明是让我画海星的！""红色都快给她用完了！"小朋友之间的磕磕碰碰在所难免，最好有个大人在边上做好调解工作，让绘画得以顺利进行。

群体性艺术的成功要素

朱莉·里德尔

充足的艺术材料和充分的机会，足以点燃孩子的创造力。一旦和艺术接触并品尝到其中的甜头，你一定会期望有更多的人参与进来。群体性活动为艺术创作注入了更多的活力因子，这可能是活泼灵动，也可能是吵闹嘈杂，还可能是聚精会神，或兼而有之。我敢打包票，孩子们组成的艺术小组一定会把胆小的人给吓跑，看他们卷起衣袖，小手忙碌着，大人完全无法预见将会发生什么，要想控制好局面，真是劳神费力。唯一能预见的就是脏乱无法避免，以及与之相伴的惊喜。

如何成功地进行一次群体艺术活动？我认为有四点关键性因素家长或老师应充分考虑。

第一，期望值要与孩子的年龄相对应。如果艺术小组的成员主要是年龄尚幼的儿童，譬如学步期或较小的学龄孩子，应为其提供合适的艺术材料，用多种方式充分调动孩子的感官，艺术活动也应给孩子提供足够的机会，任其开放性地探索，无须太看重结果。

第二，创造最佳条件。可参照以下几种方法：

- 辟出艺术空间，如有必要，用罩单盖住台面，起到保护作用，并将所需的艺术材料、工具和清理工具等准备好。如有将团体艺术活动一直进行下去的长远打算，不满足于浅尝辄止，最好设置专门的艺术空间，这样孩子们创作时就不会受到玩具、书本或零食的干扰。
- 时间的选择。群体艺术活动能高度刺激感官，孩子们会处于兴奋状态。早餐过后，充足的睡眠和能量会给活动的顺利进行提供保障，因此，一天中的最佳时段是上午。
- 同理，作为艺术团体的领头人的你，也应选择自己一天中能量最充沛的时间段。
- 在将新的活动引入团体之前，最好先和孩子在家试试看。虽说根本无法预测其他的小艺术家们会作何反应，但提前熟悉磨合一下，总会有帮助。
- 形成惯例或建立常规流程，如此一来，所有成员就会心中有数，环节切换时，也更好掌控。每个环节结束后，如果家长和孩子对于下一个环节心中有谱，沉着和自信则随之慢慢增长。譬如，开场是固定的，讲个故事，唱支歌，或来个主题导入，每次活动重复该流程，一步一步过渡到结束和清理。
- 无论孩子多小，都要参与清理工作。家长们必要时可以施以援手，但是绝不能完全包办，养成孩子的惰性，要让他们知道，清理也是艺术活动的一部分。这样孩子们不仅学会了珍惜艺术材料，也培养了责任心。提醒各位读者，清理工作所花费的时间可能比你预想的要久得多，所以要留出足够的时间。

第三，选择合适的艺术材料放到孩子触手可及的地方，确保其有足够的吸引力并能激发孩子探索的好奇心。"合适"意味着既要考虑年龄也要考虑活动方式。

比如，若是在屠夫纸上画真人大小的肖像画，仅有马克笔显然不够。大点的孩子用它勾勒细节部分，或小点的孩子用它来涂鸦还不错，但是要进行大面积上色的话，无疑会让孩子抓狂。这种情况下，蛋彩颜料配中等粗细的画笔是不是更好的选择呢？反之亦然，颜料能够塑造出流畅的图案，可是并不适用于细节的勾勒和细致的图案。将艺术材料整理得井井有条，保存得当，放在统一的容器中，触手可及而且方便取用，孩子们看见会更乐意尝试和创作，同时也会油然而生对于艺术材料和艺术家的敬意。

第四，无论是学步期儿童还是青少年，若想让他们持之以恒地进行艺术探索，最关键的因素是要拓展艺术体验。如何拓展，方法不胜枚举，而这正是你，团队的领导者，发挥想象力的时候。循序渐进地引入不同种类的艺术材料，而不是一股脑全用上，其作用是多方位的。对于小点的孩子而言，他们不会因为面对太多材料而过度兴奋，不知所措；更重要的是，孩子们这样才能不急不缓地按照自己的节拍去了解这些材料。作为团队的带头人，你必须拿捏得当，谋求平衡，让孩子既有足够的时间去探索，又不至于久到因为乏味而失去兴趣。卓有成效的"拓展领导者"要让孩子们一刻也闲不下来，比如，介绍种新的绘画工具（画笔、滚轴、棉签、海绵、滴管、羽毛、松针或玩具卡车）；或使用新的绘画表面（比如不同颜色、大小、质地或形状的纸），或带来不同的感官刺激，譬如引入不同颜色、纹理、味道甚至声音；还可以添加"特别"材料（羽毛，亮闪闪的纸张，用来洒的盐或鸟食，或其他自然给我们的馈赠）。阶段性地导入新材料，产生新的创作可能性，如此一来，无论是艺术创作的长度还是宽度都得到了有效的、深层面的拓展。

领会以上四条原则，你将从指导孩子们的团体艺术活动中收获巨大的满足感。家长们在活动中，帮助和筹备材料，参与清理工作，既为孩子们树立了良好的社交榜样，也见证了孩子在艺术道路上的成长。这样的经验，对于每一位参与者来说都是意义深远。

14 家庭自制艺术材料

大人们总是给出答案，让孩子们记好，而不是给出问题，让他们去思考。

——罗杰·勒温（英国作家）

你知道吗，只需利用家里现成的东西，就能自己做出颜料、彩泥和糨糊？譬如面粉、油和盐可以制作孩子们都爱的彩泥。玉米淀粉和水能做出手指画颜料。超轻黏土也可以由小苏打、玉米淀粉和面粉做成。

自制艺术材料不仅经济实惠，天然成分很健康，而且孩子们在帮忙做的过程中也很开心。每次推出一种新的颜料或彩泥，我一定会让我的女儿（或艺术小组的其他孩子）先参与制作，再进行创作。这是个绝佳的机会，孩子们混合搅拌之后，亲眼看见自己的努力结出果实。我们自己制作过盐画颜料、盐面团、糨糊、面糊、手指画颜料、水彩、彩泥等等。虽然这些东西都能买得到，我还是强烈建议大家和孩子一起自己做一些。给你自制的材料添上颜色或是搓搓揉揉面团本身就是一种享受。

为什么要自己制作艺术材料？首先，有些自制的比买来的要好用（例如彩泥），其次，有些材料是买不到的（例如盐面团），还有就是因为制作成本低廉（例如手指画颜料），当然，有时候我们只是想试试看而已（比如超轻黏土）。

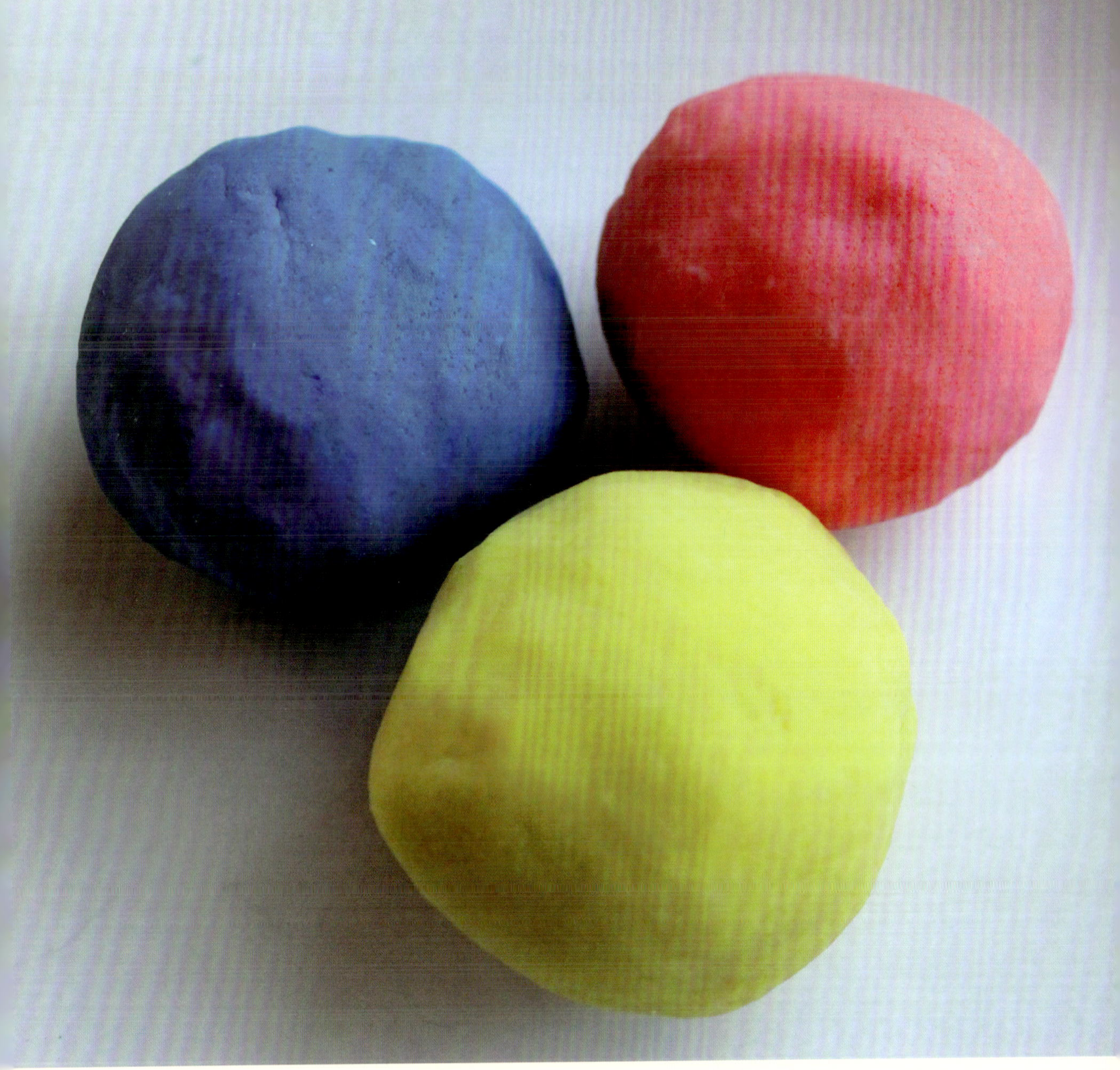

不管是为了省钱，还是想做着玩玩，或意在拓展艺术活动体验，本章介绍的方法和配方都能帮到你。在此给大家推荐的都是我的最爱。如果你对DIY 艺术材料非常感兴趣，还可以在网上或其他的艺术书籍中找到更多配方（仅黏土一样，制作方法就有无数种），或者自己摸索，找到最佳配比（如果成功了，记得分享给我！）。

艺术活动 51 | 家庭自制彩泥

孩子们如此喜欢自制的橡皮泥（无论是质地、味道、手感，还是整个制作过程），所以我们从来没有在外面买过。

适合 1 岁及以上儿童。

材料

- 2 1/2 杯水
- 1 1/4 杯盐
- 1 汤匙塔塔粉[①]
- 4 汤匙植物油

- 食用色素或液体颜料
- 2 1/2 杯面粉
- 金粉（可选）
- 植物精油（可选）

[①] 塔塔粉其实就是小苏打粉。——译者注

步骤

1. 将水、盐、塔塔粉、油和食用色素放入一个大盘子中混合。
2. 将混合物放置火上，加热至沸腾。
3. 将面粉加入混合物中并搅拌，继续加热，直至没有黏稠感（可以用手指头捏一点看看黏稠度）。
4. 关火，倒在案板上，待其冷却至不烫手为宜。揉搓至光滑。
5. 如果喜欢，混入金粉和精油。

注意

- 玩彩泥的工具。擀面杖、牛排餐刀、叉子、牙签、塑料餐具、蜡烛、压蒜器、小玩具、打蛋器、土豆捣泥器和饼干切割模都可以。
- 彩泥的玩法非常多。搓球，搓小蛇；做"饼干"；玩烹饪过家家，做蛋糕和曲奇；在彩泥中镶嵌彩珠，插牙签或吸管。
- 保存。自制的彩泥放到密封罐中可以保存几个月。放到保鲜袋或带盖的玻璃罐中，常温保存亦可。

艺术活动 52 ｜免加热型彩泥

免加热型的彩泥虽不如煮沸制好的彩泥，能存放较久的时间，但做起来非常省事。适合 1 岁及以上儿童。

材料

- 2 杯面粉
- 1 杯盐
- 2 汤匙塔塔粉
- 2 汤匙植物油
- 食用色素或液体颜料
- 2 杯沸水

步骤

1. 将面粉、盐、塔塔粉放入中等大小的碗中，混合。
2. 在混合物中间挖一个洞，放入油和色素。

3. 倒入沸水，充分搅拌。
4. 开始会有些滑腻，水分较大，静置几分钟，待冷却后会收紧。
5. 倒在案板上，将面团揉搓成一个光滑的球，同理，可以根据个人喜好加入金粉或芳香精油。
6. 将面团放入密封容易中，保存。

艺术活动 53 | 发泡彩胶：挤挤画出画

孩子们很享受从瓶子中直接挤出颜料的感觉，和用笔画画很不同。发泡彩胶干后留下硬硬的、亮闪闪的图案，而且很有立体感。

适合 1 岁半及以上儿童。

材料

- 1 杯盐
- 1 杯面粉
- 1 杯水
- 挤压瓶（用过的番茄酱或芥末酱瓶子，也可以在美发用品店、杂货店、十元店购买）
- 蛋彩画颜料，四种颜色
- 广告纸板或卡纸

步骤

1. 将盐、面粉和水混合，充分搅拌。
2. 将混合物分装到三四个挤压瓶中。
3. 每瓶加入 1 汤匙颜料，盖好盖子，摇匀。
4. 拿起瓶子，挤出自己喜欢的图案。学步期的儿童会在纸上挤出一大滩颜料，大点的孩子则能用颜料写字或画画。
5. 待其完全晾干（通常需要两至三天时间）。

注意

- 孩子们喜欢挤颜料画画，也同样享受制作颜料的过程。
- 没有用完的颜料盖好，放入冰箱中，可以保存两至三天。
- 如果瓶口的孔太小，挤压费力，家长最好把孔开大点。

艺术活动 54 | 盐面团制作装饰物

这个方子特别简单，盐面团制作并烤制成装饰物、雕塑或游戏用的食物道具。
适合 3 岁及以上儿童。

材料

- 4 杯面粉
- 1 杯盐
- 1 杯半冷水
- 擀面杖
- 饼干切割模
- 烤盘，里面铺上烤盘纸
- 吸管
- 玻璃珠、印章、印泥和牙签（可选）
- 蛋彩颜料，天然颜料或丙烯颜料和画笔（可选）

步骤

1. 将面粉和盐放入碗中，混合。
2. 加入水，充分搅拌。也可以分次加入水，这样更容易搅拌均匀。
3. 将混合物倒在案板上，揉搓成一个有弹性的球。
4. 用擀面杖将球擀平，约莫 0.25 英寸（约 0.6 厘米）那么厚。
5. 用饼干切割模切出饼干，然后放到烤盘纸上。
6. 用吸管在每块饼干上方戳一个孔，用来悬挂。
7. 也可以用印章在饼干上盖章，嵌入玻璃珠，或用牙签戳出蕾丝边，然后，放入烤箱，烘烤。
8. 烤箱调至华氏 250 度（约 121℃），烘烤三四个小时，或饼干干透变硬即可。烘烤 2 小时后翻面。
9. 从烤箱中取出，待其冷却。
10. 如果喜欢，可给烘焙好的饼干涂上颜色。

艺术活动 55 | 棕熊面包和毛毛虫面包

下面将要介绍的全麦面团制作起来很容易,让孩子们动动小手,将面团捏成各种形状的面包吧。

适合 2 岁及以上儿童。

材料

- 面团(具体做法,参见下文)
- 烤盘
- 鸡蛋 1 个
- 2 汤匙水
- 毛刷

步骤

1. 制作烤面包的面团(也可以去附近的烘焙店或比萨店购买生面团)。

280　第 2 部分　帮助孩子在学习上主动、专注、自律、自信,

2. 将面团搓成球状和条状，然后捏出动物、面孔、太阳等形状。
3. 将塑好形的面团放在油纸上，放在温暖、不通风处发酵，直至面团长到原来的两倍大。
4. 将鸡蛋和水混合，用来涂刷面包表面。
5. 用毛刷在面包上轻轻地刷一层蛋液。
6. 烤箱调至华氏 350 度（约 176℃），烤 20 分钟左右，将面包烤至棕黄色。小面包的烘焙时间短一些，大面包则久一点。

全麦面团的制作方法

成分

- 1 杯半温水
- 1 袋干酵母
- 3 汤匙蜂蜜
- 4 杯全麦白面粉，或 2 杯半中筋面粉加 1 杯半全麦面粉
- 1 茶匙盐
- 1 汤匙橄榄油

步骤

1. 将温水、酵母和蜂蜜倒进大碗。接着加入一半面粉，混合，静置半小时。
2. 倒入盐、橄榄油和剩下的面粉，混合。
3. 混合好的面团倒在案板上，揉 5 分钟，如果面团太粘手，稍稍撒点干面粉。
4. 在碗内壁抹上油，将揉好的面团放进去，用潮湿的洗碗布盖上，或者用保鲜膜覆上，不能太严实，然后待其发酵至两倍大。
5. 将面团中的气体排出，就可以塑形了。

艺术活动 56 | 用可食用颜料为饼干上色

自己调和可食用颜料，甜饼干就是画布啦。

适合 2 岁及以上儿童。

材料

- 甜曲奇饼干（具体做法，详见下文）
- 糖粉
- 水
- 细头画笔或棉签
- 食用色素（推荐 India Tree 的食用色素，纯天然植物制造。网址 www.indiatree.com）

步骤

1. 自己制作或购买甜曲奇饼干。
2. 将糖粉和水混合，制作糖衣（2 汤匙水加 1 杯糖粉）。分成几份放到小碗中或马芬烤盘的不同格子中。
3. 根据需要将不同颜色的食用色素分别添加到碗中，给糖衣上色，做成可食用颜料。
4. 用细头画笔或棉签蘸取食用颜料在饼干上画出喜欢的图案。

5. 待糖衣晾干，享用点心吧（如果孩子有足够的耐心等待）。

曲奇饼干的做法

原料
- 2 杯中筋面粉
- 半茶匙苏打粉
- 1/4 茶匙盐
- 1 根无盐黄油，室温放软
- 1 杯糖
- 1 个鸡蛋
- 1 茶匙香草精
- 2 汤匙牛奶

方法
1. 将面粉、苏打粉和盐放入小碗中，混合。
2. 将黄油和糖放入中等大小碗中混合，搅打成奶油状，接着放入鸡蛋、香草精和牛奶，混合。
3. 将步骤 1 的面粉混合物放入步骤 2 的混合物中，搅拌至充分融合。
4. 将面团分成两块，分别用保鲜袋裹好，然后轻轻地压成扁片。
5. 将压好的面片放入冰箱中冷藏至少 1 小时，待其变硬易于切割。
6. 在案板上撒些干面粉，然后将面片放置案板上。
7. 用饼干模切割出各种形状的饼干，摆到铺了油纸的烤盘中。
8. 烤箱调至华氏 350 度（176℃），烘烤 12-14 分钟。
9. 将饼干从烤盘取出，放到金属架上，冷却即可。

艺术活动 57 | 超轻黏土

在家 DIY 超轻黏土，用来制作雕塑、过家家的玩具食品，或学校的艺术作业。适合 3 岁及以上儿童。

材料

- 2 杯苏打粉
- 1 杯玉米淀粉
- 1 杯半冷水
- 食用色素（备选）

步骤

1. 将所有原料放入锅中（我特意准备了一个旧锅，专门做黏土和彩泥等）。如果需要，加入食用色素，上色。
2. 将混合物用中火加热，不停搅拌，直到开始冒泡。
3. 继续加热，使混合物变稠变密实。

4. 将面团倒在案板上或碗中，用湿布或湿纸巾松松盖上，冷却。

5. 稍稍揉一下面团，就可以按照你自己的喜好创作了。

6. 将作品晾干，其大小不同，所需的时间也有差异，通常是两到四天。

7. 作品干透后，可以用蛋彩颜料或丙烯颜料上色。

注意

◆ 如果有多余的超轻黏土，可以留着以后再用，保存在密封容器，比如自封袋或玻璃容器中。

艺术活动 58 ｜ 沙泥

沙泥做起来超级简单，摸起来是面粉的手感，可是却能塑形，非常好玩，适合儿童玩耍，并能刺激触觉感官的发展。

适合 1 岁及以上儿童。

原料

- 8 杯面粉
- 1 杯婴儿润肤油

方法

1. 将面粉倒入大碗中，倒入婴儿润肤油。
2. 将两者充分混合并挤压几分钟，让油和面粉充分融合，直至抓起一把捏紧再松开，沙泥不会散开为好。
3. 将沙泥倒入浅盘或盒子中。给孩子准备杯子、碗或沙滩玩具作为模具，或者让孩子抓在手里挤压玩耍。

14 家庭自制艺术材料

艺术活动 59 ｜ 自制手指画颜料

试试我给大家介绍的手指画颜料配方吧，经济又实惠。

适合 1 岁及以上儿童。

材料

- 3 杯水
- 1 杯玉米淀粉
- 食用色素或液体颜料

步骤

1. 将水倒入中等大小的平底锅，烧开。
2. 倒入玉米淀粉，快速搅拌，直至两者完全混合。
3. 继续搅拌，至混合物变得黏稠。
4. 关火，将锅移开，冷却。
5. 将混合物分成若干份，放入小碗中或储物盒中，加入食用色素或液体颜料。
6. 现在用自制的手指画颜料画画吧！

注意

- 用勺子舀一些颜料，倒在纸上或桌面上，孩子高兴怎么涂抹就怎么涂抹，用完再添。也可以借助其他工具，比如梳子、筷子等，画出特别的花纹和图案。要是孩子是直接在桌面上作画，画好后拿张纸盖在上面，再揭下来，一副单刷版画[1]就做好了。在气泡膜上创作可以更好地刺激儿童的触觉，同理，也能够制作单刷版画。
- 剩余的手指画颜料可以储存在密封容器中。

---

[1] 用颜料在光滑的塑料板或玻璃板上画画，涂、刮、抹等，然后把纸扣上去，一点点把颜料印到纸上，即单刷版画。单刷版画具有单纯手画没有的印刷效果。——译者注

艺术活动 60 | 给通心粉和大米染色

将通心粉和大米染成五颜六色,用在剪贴画中,也可以做成漂亮的马赛克拼花或首饰哦。

适合 2 岁及以上儿童。

材料

- 形状各异的通心粉和大米
- 自封袋
- 外用酒精
- 食用色素

方法

1. 将通心粉和大米放入自封袋,一个袋子染成一种颜色。

2. 先拿一个袋子,加入 1 汤匙酒精,封好,摇晃,使酒精分布均匀。

3. 将袋口打开，放入食用色素。

4. 再次封好，放在掌心揉搓，直至颜色均匀散开。

5. 将处理好的通心粉或米倒在烤盘中，晾干。

6. 其他袋子的面或米用同样的处理方法。

通心粉和大米的玩法

◆ 食用色素用绳子或绒线铁丝串起来，做成项链等首饰。

◆ 食用色素做剪贴画或马赛克拼花。

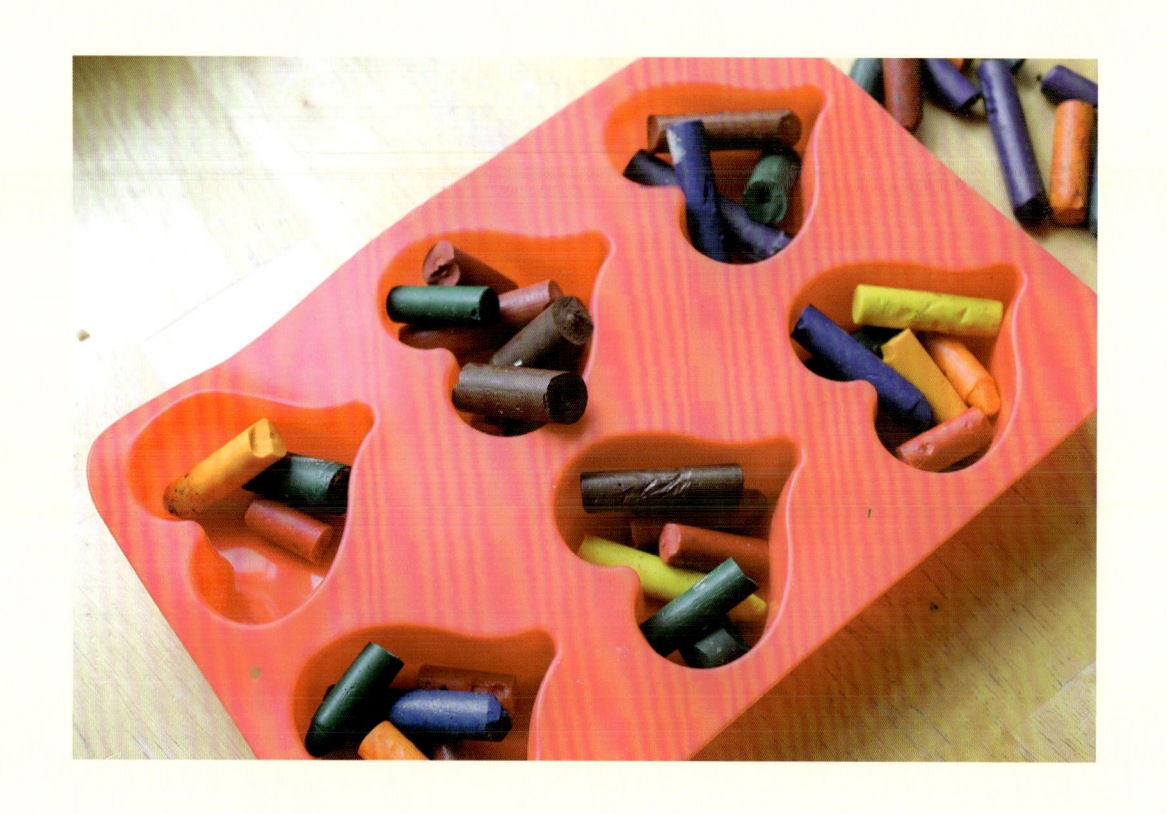

艺术活动 61 | 废旧蜡笔铸型

将废旧蜡笔收集起来，熔化，铸成五彩的心形、五角星等形状。
适合2岁及以上儿童。

材料

- 蜡笔或蜡块，包装纸撕掉（普通的就好，最好不要用可洗的）
- 硅胶马芬烤盘或制冰模（带有心形、星星等有趣造型的）

方法

1. 将蜡笔放入马芬烤盘中，填满凹槽。（熔化成为蜡液，蜡笔就不会流出来了。）
2. 将马芬烤盘放在垫了锡纸的大烤盘上。

烤箱调至华氏275度（约135℃），烤大约20分钟，直至蜡笔完全熔化。

3. 将烤盘取出，冷却。

4. 取出。五彩蜡块自己用也好，送人也相宜。

天然的艺术

戴安娜·梅瑟

　　为什么我更愿意自己动手，在家制作艺术材料呢？说来话长。事情是这样的，有一次我给学步期的小朋友们在家里的艺术工作坊上课，突然有位家长发现她的孩子把蘸满了颜料、滴滴答答的刷子放进嘴里，就像吃棒棒糖一样咂了起来。看着她的小嘴唇和嘴巴里面沾满了颜料，我们俩不禁吓呆了。

　　回过神来，我们赶紧又洗又擦，好不容易才清理干净。孩子的母亲惊慌地看着我，问道："确实没关系吗？"

　　我很肯定地告诉她，"我们用的颜料是无毒的。"当了二十几年老师，我认定"无毒"就是儿童艺术材料的最高标准。外包装上标注"无毒"，就说明这款产品没有任何毒性，不会对孩子产生任何危害。我有足够的把握，觉得孩子不会有性命之忧，毕竟这么多年，美国国家标准协会（ANSI）的一贯规定就是如果产品中含有任何毒素，那么产品的外包装上必须有标注，而且只有符合其 D-4236 标准才能算无毒产品。

可心里还是有些忐忑不安。经历这次嘴巴画画的意外之后，我迫切地想弄清楚儿童颜料究竟包含哪些成分，并且想知道为什么不在外包装上标识清楚成分。这些产品的颜色如此鲜艳，味道也颇令人狐疑，更不用提旷日持久的保质期，我对这些所谓的无毒颜料开始有些惶恐不安，天知道它们是用什么化学物质、合成染料和防腐剂做成的。"为什么不用织物、水果、蔬菜或矿物质等天然色素做颜料呢？"最早生活在北美这片土地上的印第安人就是这么做的呀。

于是我挽起袖子，直奔厨房，准备按照传统方法，大干一场。我所选用的材料都是食品级的：面粉、盐、油和自然萃取物，以及从自然中获得天然的色料、香料、增稠剂、蜡和防腐剂等。我试过几百种植物、矿物和蔬菜色料，就是想找到最鲜明、最持久和最稳定的种类。这耗费了我巨大的精力和时间。

学步期的儿童吃意大利面是一种全身心的感知世界的方式。他们进行艺术活动，实际上是同样的道理。而全方位地感知颜料，怎能离得了触觉（通过毛发、鼻子、耳朵和嘴巴等）。如果给孩子提供干净、天然并且成分简单的艺术材料，相信家长们也会更安心些，更乐于让孩子尝试。

放眼全球，不难发现，人们愈发意识到化学物质和添加剂的危害，家长们在选购产品时，更为谨慎，更倾向于选择生态产品：为家庭成员购买有机的、不含激素的牛奶；在家中使用无毒的卫生用品；为孩子提供木质玩具，而不是含双酚或邻苯二甲酸的玩具。最简单经济的方式其实是自己动手，家庭制作艺术材料。让厨房里的食材派上用场，制作孩子们喜爱的黏土；用面粉和水调兑出糨糊；院子里的蔬菜还可以用来给鸡蛋染色！自己动手乐趣多！

致 谢

在此我想对这些年来访问我的博客的网友们表示感谢，你们的到访——无论是浏览网页，留下鼓励的话语，发表评论，提出各种各样的问题，还是分享创意和灵感，都让这个家长和老师的社区其乐融融，并给我勇气坚持到底。我想所有人都离不开志同道合的朋友的支持，而你们所提供的帮助会让我永远铭记在心。

我也要感谢所有参加过我所创办的艺术小组的家庭，你们是如此的富有热情，甘愿做艺术探索的试验品。

我还要感谢本书的编辑詹妮弗·厄本-布朗（Jennifer Urban-Brown），承蒙她的赏识，才有这本书的出版，同时也谢谢我的代理人霍丽·贝米斯（Holly Bemiss），让整个过程都很顺利。

谢谢玛丽安·科尔（MaryAnn Kohl），我从您那里学到的东西太多了。您的积极向上的心态以及对于儿童艺术不懈的坚持和热情令我受益匪浅。

谢谢这些年来我所交谈、采访过的儿童艺术书籍作家和专家们，以及所有在本书的写作过程中给予我帮助的人。

感谢我的朋友马琳（Marin），在我写作本书的过程中，义不容辞地帮助我照看小女儿。

感谢 Discount School Supply 以及 Stubby Pencil Studio 为本书的艺术用品的试验和筛选工作提供试用品。感谢 Asheville's Frame It to a T 画框定制店，听说有孩子喜欢艺术，非常慷慨地将剩余的画框材料赠予我们。

谢谢我的朋友和同事们，在本书创作的各个阶段为我提供宝贵的意见、反馈和鼓励，谢谢你们的陪伴，包括凯西·恩格布勒特（Kathie Engelbrecht）、莫莉·马克拉肯（Molly McCracken）、克里斯蒂娜·卡茨（Christina Katz）、芭芭拉·察博罗斯基（Barbara Zaborowski）、马琳·勒莱（Marin Leroy）、米西·肯普（Missy Kemp）、玛丽安·科尔、曼珠拉·苏布兰马尼安（Manjula Subramanian）、莫莉·蒙哥马利

（Molly Montgomery）、莎拉·韦尔奇（Sarah Welch）。最后，也是最重要的一位，就是我的母亲——朱莉·吉布森（Julie Gibson），她是我见过的最好的作家和编辑。

我特别感谢母亲允许我在孩提时代自由地探索，自由地成长。还有我的奶奶珍·吉布森（Jean Gibson），她和我性情相投，是我接触的第一位艺术家，永远激励着我继续前行。

我还想对我的家人致以深深的感谢。谢谢你们，玛雅（Maia）和达芙妮（Daphne），你们是我走上儿童艺术道路的契机和动力的源泉。谢谢我的爱人哈里（Harry），我们共同构建了如此温暖美好的家庭，它是我永远坚实的后盾和港湾。

译后记

　　成为《父母艺术力》的译者，好似上天的安排。女儿两岁开始喜欢涂涂抹抹，我便摸索着怎么去培养和激发她的艺术想象力和创造力，至今也有四个年头。去年10月我在美国亚马逊网页上发现这本书的英文版时，顿感欣喜，购买后仔细阅读，真的是解了我燃眉之急。

　　阅读的过程中，心里不时出现一个念头，"要是在我女儿一两岁的时候看到这本书就好了！"对于艺术，我顶多算是个半吊子，心存热爱，乐于欣赏，但是画画、雕塑、音乐、摄影，如果说要是主动创作的话，则是一样不会。既然实际操作不太精通，怎样能让我对艺术的热情感染到、熏陶到孩子，又该如何引导她，如何鼓励她呢？这些都是摆在眼前的很现实的问题，而这本书很好地解答了我的疑惑。

　　我一次又一次地被作者说服，被作者的细心体贴所打动。开头的引言，让我对艺术的巨大魔力有了更深刻的认识，艺术可不仅仅是感情的表达和宣泄，也不仅仅是文艺气息的培养，艺术还可以培养批判性思维能力、独立思考能力以及独辟蹊径解决问题的能力。以我的女儿为例，我发现绘画很好地培养了女儿对于色彩的感悟力，对生活中的美的东西也更为敏感，经常性地会蹦出一些让人完全意想不到的语句，并且在玩拼图、颜色忻板和七巧板方面也非常得心应手。

　　正文部分，作者从"准备工作"开始，首先给那些可能不懂得艺术也不会艺术的父母做了非常好的心理铺垫，让你有足够的自信，即使在家也能引导好孩子的艺术创作，然后一步一步地给出指导，如何做好整体规划，如何设置艺术空间，如何选择和准备艺术创作的工具和材料，怎样鼓励孩子保持创作的热情以及如何展示和保存艺术品等。听取了作者的建议后,我能够给女儿提供更丰富的艺术材料供其发挥,而且,现在欣赏女儿的画作时,我不再关注结果,而是更加关注每一次她创作时情感的表达和画作背后的故事,再也不会对孩子的大作进行胡乱推测,问"你这画的是……?",而是多问一些开放式的问题,比如"能给我讲讲画的是什么吗?你为什么要用这种颜色而不是……?"看着孩子扬起小脸,兴奋又自豪地跟我讲她的创作过程和想法,我真地体会到,对于孩子最好的鼓励不是一句简单的"你真棒!这幅画棒极了",而是坐下来,把心打开,认真去捕捉孩子的付出和努力,并为她骄傲。以这样的方式对待孩子,她怎能不会备受鼓舞,在艺术的道路上越走越远呢?

正文的第二部分"艺术活动",作者给父母们准备了适合不同时刻和场合玩耍的艺术活动,比如"初入艺术之门","适合休息和过渡时段的安静艺术活动",适合户外的"行动艺术","适合多人的艺术活动"等,并且附上了多种艺术材料的在家DIY的方法。这一部分给我们带来的最大启示就是,艺术不是坐在桌子前循规蹈矩的绘画,也不是让孩子玩沙画或者填色,并且要求她不准弄到线外面来,艺术是来源于真实的生活,那么无论是户外活动、烹饪等日常生活都可以和艺术结合起来。

阅读完之后收获真的很大,我迫切地想把这本书介绍给更多的尚在摸索中的中国父母们。原书的作者琼·范·胡勒作为一名资深的艺术行业从业者,同时也是两个孩子的母亲,把专业和亲子的视角相结合,给艺术的门外汉父母们提供了很多难能可贵

(本文图片由译者提供)

的指导和建议。她不仅仅从宏观上说服读者，艺术对于孩子的成长和心智的全面发展具有巨大的推动作用，对于孩子的决断力、思维能力、创造力也具有积极意义；也从微观上，例如如何给孩子创设艺术空间，如何给孩子准备艺术用具，如何引导孩子进行艺术创造，如何给孩子的艺术作品进行正面反馈等提出了很多建设性的方案；并且本书还非常贴心地列出了超过60种艺术活动的种类以及其相关指南。可以说，本书不仅仅非常系统化，而且人性化。第一次尝试书里的艺术活动，我把书打开，带着女儿，照着步骤，玩"牛奶烟花"游戏，看着各种颜色在牛奶中晕开，然后用蘸了洗涤剂的棉签轻轻地划过牛奶表面，看着色彩如烟火般飞速地发散开，留下五彩缤纷的印迹，女儿禁不住睁大了眼睛，惊呼，"好漂亮啊！好漂亮啊！妈妈！"是的，别提小孩儿，就连我也是头一次见识这般奇妙！打那之后，她三番五次地要求玩这个游戏，并且在无聊时候还时不时地把这本书搬出来，指着书里的某一页跟我说："妈妈，我们今天玩……好吗？"我所举的只是一个例子，相信读者们看了此书，一定能收获很多游戏方案和灵感。

  我是如此急切地想让更多的中国家长看到这本书，于是我联系了青豆书坊的编辑。为什么选择青豆书坊呢？因为之前也买过青豆的书，知道青豆致力于关爱心灵，关爱成长，并一直在蓬勃发展。没想到运气出奇的好，缘分来了挡也挡不住，青豆书坊刚好正和国外出版商洽谈这本书的中文版权事宜，而我，就在这恰当的时刻毛遂自荐翻译这本书。真的很感谢青豆给了我这个机会，虽然翻译的过程有些辛苦，但是一想到它可以改变很多新手父母的心态，改变他们对于艺术的看法，能让更多的孩子更早地接触艺术，能帮助建立更亲密的亲子关系，就觉得一切付出都是值得的，有意义的。真心地希望能有更多人读到这本书，能有更多读者把这本书分享给需要的父母们！

2016.8

父母艺术力可用资源

下面这些资源都经过我的仔细甄选，以期在你探索家庭艺术力的过程中，给你更多信息和激励。

我选择的艺术材料

蛋彩颜料
Colorations Simply Washable Tempera Paint (Discount School Supply) for its quality, color, and price. Melissa & Doug Poster Paint (toy stores) is also a good option. For babies and toddlers, try Clementine Art Natural Paint (toy stores and Whole Foods grocery stores).

饼状水彩
Crayola Washable Watercolors (drugstores or big-chain art supply stores), Melissa & Doug Watercolor Sets (toy stores), and Jolly Watercolors (Stubby Pencil Studio).

管装水彩
Reeves brand (chain art supply stores).

液体水彩
Colorations Liquid Watercolor Paint (Discount School Supply).

手指画颜料
Colorations Washable Finger Paint (Discount School Supply), Crayola Washable Finger Paint (drugstores or art supply stores), and homemade finger paints (see my recipe on page 288).

蜡笔
Stockmar Beeswax Stick Crayons or Stockmar Beeswax Block Crayons (For Small Hands or Magic Cabin) and Crayola Washable Crayons—jumbo for toddlers, thin for older children (drugstores or art supply stores). We also love the novelty of Crayon Rocks (Stubby Pencil Studio) and shaped crayons (Earth Grown Crayons).

油画棒
Colorations Outstanding Oil Pastels (Discount School Supply), Crayola Oil Pastels (art supply stores or Discount School Supply), and Crayola Twistables Slick Stix (art supply stores and drugstores).

粉笔
Melissa & Doug Jumbo Triangular Chalk Sticks (toy stores and art supply stores) for indoor use, and Crayola Sidewalk Chalk (drugstores or Target) for outdoor use.

彩色铅笔

Alpino Tri Colored Pencils and Alpino Trimax (chunkier) both with triangular barrels (Stubby Pencil Studio). Art Grip Eco-Pencils by Faber-Castell are good for older children (Stubby Pencil Studio or Amazon), as are Prismacolor Scholar Colored Pencils (art supply stores).

马克笔

Crayola Washable Markers and Crayola Pip-Squeaks Washable Markers (drugstores or art supply stores), and Colorations Washable Markers (Discount School Supply). We also love our chunky Alpino SuperColor markers (Stubby Pencil Studio).

画纸和剪贴画用纸

Heavyweight white sulphite paper (Discount School Supply), poster board (Target or drugstores), and mat board (some frame shops let you take remnants for free).

水彩画用纸

For basic-quality watercolor paper, Canson XL Watercolor Paper (art supply stores), Real Watercolor Paper (Discount School Supply), and Strathmore 200 Series Watercolor Paper (art supply stores and Amazon.com).

画架用纸

Easel Paper Roll (Discount School Supply).

大幅画用纸

Contractor's paper (from a mega home store).

装饰裱纸

Tru-Ray Sulfite Construction Paper (Discount School Supply) and Mala Paper, assorted colors (IKEA).

胶水

Elmer's Washable School Glue and Elmer's Glue Sticks (drugstores, art supply stores, stationery stores) and glue guns (art supply stores).

塑形和雕塑材料

Homemade playdough, my preference (see my recipes on pages 272 and 274). Potter's clay (pottery studios or Discount School Supply), playdough, and pipe cleaners (art supply stores).

画刷

For toddlers, Melissa & Doug Jumbo Paint Brushes (toy stores or art supply stores). For older children, Colorations Plastic Chubby Paint Brushes (Discount School Supply) and a variety of sizes and brands found at art supply stores.

颜料杯和洗笔杯

Melissa & Doug Spill-Proof Paint Cups (toy stores or art supply stores) for younger children. Colorations Double-Dip Divided Paint Cups (Discount School Supply), which hold two colors each, for older children who need more color options.

罩衣

Make your own from large T-shirts (see page 46), or just use a T-shirt. Crayola Beginnings Tidy Top Art Smock (art supply stores or Amazon).

工具托盘

Brawny Tough Large Plastic Art Trays (Discount School Supply) or an old rimmed cookie sheet or plastic serving tray.

金粉

Any glitter from art supply stores, Colorations Glitter Glue and Colorations Washable Glitter Paint (Discount School Supply).

趣味颜料

BioColor Paint and Colorations Activity Paint (Discount School Supply). For acrylic paint, Reeves Acrylic Paint and Liquitex BASICS Acrylic Paint (art supply stores).

玻璃浴室适用蜡笔及马克笔

Crayola Window Crayons (Target or art supply stores).

织物适用蜡笔、马克笔和颜料

Pentel Fabric Fun Pastel Dye Sticks (Amazon and Dick Blick) and Jacquard Textile Color (Dharma Trading Company or art supply stores).

艺术用品实体店

A.C. Moore (almost everything related to arts and crafts)
IKEA (some children's art supplies)
Michael's (almost everything related to arts and crafts)
Drugstores, including superstores such as Target and Walmart (Crayola, Prang, and RoseArt art supplies, including crayons, markers, scissors, glue, poster board, construction paper, and sketchbooks)
Grocery stores (pasta, beans, flour, salt, cornstarch, contact paper, foil, wax paper, food coloring)
Hardware stores (contractor's paper; wire; wing nuts, bolts, and other items that can be used for collage and sculpture; wood)
Independent art supply stores (often oriented more toward adults or college students)
Office supply stores (pens, pencils, stickers, address labels, circle stickers)
School supply stores (more teacher-oriented; bulk supplies)
Thrift stores (dishes for paint and art supplies, fabrics, collage trays, old warming trays, salad spinners, muffin tins)
Toy stores (some basic art supplies, such as easels, paint cups, stickers, brushes; many carry Melissa & Doug or Alex brand art supplies)

艺术用品网店

Amazon (books as well as many arts and crafts supplies): www.amazon.com
Artterro (eco-art kits): www.artterro.com
Bare Books (blank books, puzzles, and games): www.barebooks.com
Clementine Art (eco-art supplies, including crayon rocks and paints): www.clem entineart.com
Dick Blick Art Materials (almost everything related to art, including the Blick brand of art supplies): www.dickblick.com
Discount School Supply (almost everything related to arts and crafts, including Colorations paints, liquid watercolors, papers, brushes, oil pastels): www.discountschoolsupply.com
Earth Grown Crayons (soy crayons in fun shapes): www.earthgrowncrayons.com
For Small Hands (Stockmar crayons, child-size tools): www.forsmallhands.com
Kiwi Crate (subscription-based art and creativity boxes by mail): www.kiwicrate.com
Magic Cabin (select art supplies, including colored pencils, Stockmar crayons): www.magiccabin.com
Stubby Pencil Studio (eco-art supplies, including colored pencils, sketchbooks, markers): www.stubbypencilstudio.com
Wallies (chalkboard wall decals): www.wallies.com

有关儿童艺术及创造力的书籍（适合成人阅读）

Cassou, Michele. *Kids Play: Igniting Children's Creativity.* New York: Penguin Group, 2004.
Kohl, MaryAnn F. *The Big Messy Art Book: But Easy to Clean Up.* Beltsville, Md.: Gryphon House, 2000.
———. *First Art: Art Experiences for Toddlers and Twos.* Beltsville, Md.: Gryphon House, 2002.
———. *Preschool Art: It's the Process, Not the Product.* Beltsville, Md.: Gryphon House, 1994.
———. *Scribble Art: Independent Creative Art Experiences for Children.* Bellingham, Wash.: Bright Ring Publishing, 1994.
Kohl, MaryAnn F., and Kim Solga. *Great American Artists for Kids: Hands-On Art Experiences in the Styles of Great American Masters.* Bellingham, Wash.: Bright Ring Publishing, 2008.
Smith, Keri. *The Guerilla Art Kit.* New York: Princeton Architectural Press, 2007. (Not about children's art per se, but lots of creative ideas that are easily adaptable for use with children.)
Solga, Kim, and MaryAnn F. Kohl. *Discovering Great Artists: Hands-On Art for Children in the Styles of the Great Masters.* Bellingham, Wash.: Bright Ring Publishing, 1997.
Soule, Amanda Blake. *The Creative Family: How to Encourage Imagination and Nurture Family Connections.* Boston: Trumpeter Books, 2008.
Striker, Susan. *Young at Art: Teaching Toddlers Self-Expression, Problem-Solving Skills, and an Appreciation for Art.* New York: Henry Holt and Company, 2001.
Topal, Cathy Weisman. *Children, Clay and Sculpture.* Worcester, Mass.: Davis Publications, 1983.
Topal, Cathy Weisman, and Lella Gandini. *Beautiful Stuff! Learning with Found Materials.* Worcester, Mass.: Davis Publications, 1999.
Wiseman, Ann Sayr. *The Best of Making Things: A Hand Book of Creative Discovery.* Blodgett, Ore.: Hand Print Press, 2005.

其他相关的育儿书籍

Bruehl, Mariah. *Playful Learning: Develop Your Child's Sense of Joy and Wonder.* Boston: Trumpeter Books, 2011.
Carlson, Ginger. *Child of Wonder: Nurturing Creative & Naturally Curious Children.* Eugene, Ore.: Common Ground Press, 2008.
Cohen, Lawrence J. *Playful Parenting.* New York: Ballantine Books, 2002.
Faber, Adele, and Elaine Mazlish. *How to Talk So Kids Will Listen & Listen So Kid Will Talk.* City: Harper Paperbacks, 1999.
Hallissy, Jennifer. *The Write Start: A Guide to Nurturing Writing at Every Stage, from Scribbling to Forming Letters and Writing Stories.* Boston: Trumpeter Books, 2010.
Kuffner, Trish. *The Preschooler's Busy Book: 365 Creative Learning Games and Activities to Keep Your 3- to 6-Year-Old Busy.* Minnetonka, Minn.: Meadowbrook Press, 1998.
———. *The Toddler's Busy Book: 365 Creative Learning Games and Activities to Keep Your 1½- to 3-Year-Old Busy.* Minnetonka, Minn: Meadowbrook Press, 1999.
Payne, Kim John, and Lisa M. Ross. *Simplicity Parenting: Using the Extraordinary Power of Less to Raise Calmer, Happier, and More Secure Kids.* New York: Ballantine Books, 2010.

介绍著名艺术家的相关书籍（适合儿童阅读）

The Art Book for Children. New York: Phaidon Press, 2005.
Artist to Artist: 23 Major Illustrators Talk to Children about Their Art. New York: Philomel Books, 2007.
Greenberg, Jan, and Sandra Jordan. *Action Jackson.* Illustrated by Robert Andrew Parker. New York: Square Fish, 2007.
Johnson, Keesia, and Jane O'Connor. *Henri Matisse: Drawing with Scissors.* Illustrated by Jessie Hartland. New York: Grosset & Dunlap, 2002.
Mayhew, James. *Katie and the Spanish Princess* (and other Katie books). London: Hodder and Stoughton, 2009.
Merberg, Julie, and Suzanne Bober. *Sharing with Renoir* (and other Mini Masters Board Books). San Francisco: Chronicle Books, 2005.
Montenari, Eva. *Chasing Degas.* New York: Abrams Books for Young Readers, 2009.
Rodriguez, Rachel. *Through Georgia's Eyes.* Illustrated by Julie Paschkis. New York: Henry Holt & Co., 2006.
Sellier, Marie. *Renoir's Colors.* Los Angeles: The J. Paul Getty Museum, 2010.
Yolleck, Joan. *Paris in the Spring with Picasso.* Illustrated by Marjorie Priceman. New York: Schwartz & Wade, 2010.

有关儿童艺术及创造力绘本

Brennan-Nelson, Denise, and Rosemarie Brennan. *Willow.* Illustrated by Cyd Moore. Ann Arbor, Mich.: Sleeping Bear Press, 2008.

Clayton, Dallas. *An Awesome Book.* New York: HarperCollins, 2012.

Johnson, Crockett. *Harold and the Purple Crayon.* New York: HarperCollins, 1998.

Lionni, Leo. *Frederick.* New York: Dragonfly Books, 1973.

Reynolds, Peter H. *The Dot.* Cambridge, Mass.: Candlewick, 2003.

———. *Ish.* Cambridge, Mass.: Candlewick, 2004.

Saltzberg, Barney. *Beautiful Oops!* New York: Workman Publishing Company, 2010.

Thomson, Bill. *Chalk.* Tarrytown, N.Y.: Marshall Cavendish Childrens Books, 2010.

Wiesner, David. *Art & Max.* New York: Clarion Books, 2010.

Winter, Jonah. *Gertrude Is Gertrude Is Gertrude Is Gertrude.* Illustrated by Calef Brown. New York: Atheneum Books for Young Readers, 2009.

有关颜色、线条以及形状的绘本

Emberley, Ed. *Picture Pie.* Boston: LB Kids, 2006.

Greene, Rhonda Gowler. *When a Line Bends . . . A Shape Begins.* Illustrated by James Kaczman. Boston: Houghton Mifflin, 2001.

Hall, Michael. *Perfect Square.* New York: Greenwillow Books, 2011.

Jonas, Ann. *Color Dance.* New York: Greenwillow Books, 1989.

Lionni, Leo. *Little Blue and Little Yellow.* New York: HarperCollins, 1995.

Ljungkvist, Laura. *Follow the Line.* New York: Viking Juvenile, 2006.

The Metropolitan Museum of Art. *Museum Shapes.* New York: Little, Brown and Company, 2005.

Micklethwait, Lucy. *I Spy: An Alphabet in Art.* New York: Greenwillow Books, 1996.

———. *I Spy Shapes in Art.* New York: Greenwillow Books, 2004.

Sidman, Joyce. *Red Sings from Treetops: A Year in Colors.* Illustrated by Pamela Zagarenski. New York: Houghton Mifflin Books for Children, 2009.

Songs, Steve. *The Shape Song Swingalong.* Illustrated by David Sim. Cambridge, Mass.: Barefoot Books, 2011.

Walsh, Ellen Stoll. *Mouse Paint.* New York: Voyager Books, 1995.

Whitman, Candace. *Lines That Wiggle.* Maplewood, N.J.: Blue Apple Books, 2009.

童谣绘本

Berkes, Marianne. *Over in the Ocean: In a Coral Reef.* Illustrated by Jeanette Canyon. Nevada City, Calif.: Dawn Publications, 2004.

Boynton, Sandra. *Barnyard Dance!* New York: Workman Publishing, 1993.

Harter, Debbie. *The Animal Boogie.* Cambridge, Mass.: Barefoot Books, 2005.

Keats, Ezra Jack. *The Little Drummer Boy.* New York: Viking Juvenile, 1990.

Liu, Jae-Soo. *Yellow Umbrella.* Music by Dong Il Sheen. Tulsa, Okla.: Kane Miller, 2002.

McQuinn, Anna. *If You're Happy and You Know It.* Illustrated by Sophie Fatus. Cambridge, Mass.: Barefoot Books, 2011.

Pinkney, Jerry. *Twinkle, Twinkle, Little Star.* New York: Little, Brown and Company, 2011.

Sweet, Melissa. *Fiddle-I-Fee.* New York: Little, Brown and Company, 1992.

Zelinsky, Paul O. *The Wheels on the Bus.* New York: Dutton Juvenile, 1990.

音乐创作绘本

Atinuke, and Lauren Tobia. *Anna Hibiscus' Song.* Tulsa, Okla.: Kane Miller, 2011.

Cox, Judy. *My Family Plays Music.* Illustrated by Elbrite Brown. New York: Holiday House, 2003.

Ehrhardt, Karen. *This Jazz Man.* Illustrated by R. G. Roth. Boston: Harcourt Children's Books, 2006.

Johnson, Angela. *Violet's Music.* Illustrated by Laura Haliska-Beith. New York: Dial, 2004.

Moss, Lloyd. *Zin! Zin! Zin! A Violin.* Illustrated by Marjorie Priceman. New York: Aladdin Picture Books, 2000.

Perkins, Al. *Hand, Hand, Fingers, Thumb.* Illustrated by Eric Gurney. New York: Random House Books for Young Readers, 1969.
Wheeler, Lisa. *Jazz Baby.* Illustrated by R. Gregory Christie. Boston: Harcourt Children's Books, 2007.

自然中的艺术

Aston, Diana Hutts. *An Egg Is Quiet.* Illustrated by Sylvia Long. San Francisco: Chronicle Books, 2007.
———. *A Seed Is Sleepy.* Illustrated by Sylvia Long. San Francisco: Chronicle Books, 2007.
Baylor, Byrd. *Everybody Needs a Rock.* Illustrated by Peter Parnall. New York: Aladdin Paperbacks, 1985.
Ehlert, Lois. *Leaf Man.* New York: Harcourt Children's Books, 2005.
———. *Planting a Rainbow.* New York: Sandpiper, 1992.
Goldsworthy, Andy. *A Collaboration with Nature.* New York: Harry N. Abrams, 1990.
Goldsworthy, Andy, and Thomas Riedelsheimer. *Rivers and Tides.* DVD. New York: New Video Group, 2004.
Lionni, Leo. *On My Beach There are Many Pebbles.* New York: HarperCollins, 1995.
Lovejoy, Sharon. *Roots, Shoots, Buckets & Boots: Activities To Do in the Garden.* New York: Workman Publishing, 1999.
Sidman, Joyce. *Swirl by Swirl: Spirals in Nature.* Illustrated by Beth Krommes. New York, Houghton Mifflin Books for Children, 2011.

儿童诗歌

Frost, Robert. *Stopping by Woods on a Snowy Evening.* Illustrated by Susan Jeffers. New York: Dutton Children's Books, 2001.
Graham, Joan Bransfield. *Flicker Flash.* Illustrated by Nancy Davis. New York: Sandpiper, 2003.
Janeczko, Paul B. *A Poke in the I: A Collection of Concrete Poems.* Illustrated by Chris Raschka. London: Walker Children's Paperbacks, 2005.
Morris, Jackie. *The Barefoot Book of Classic Poems.* Introduction by Carol Ann Duffy. Cambridge, Mass.: Barefoot Books, 2006.
Opie, Iona, ed. *My Very First Mother Goose.* Illustrated by Rosemary Wells. Cambridge, Mass.: Candlewick, 1996.
Sidman, Joyce. *Meow Ruff: A Story in Concrete Poetry.* Illustrated by Michelle Berg. New York: Houghton Mifflin Books for Children, 2006.
Silverstein, Shel. *A Light in the Attic.* New York: HarperCollins, 1981.
Swanson, Susan Marie. *The House in the Night.* Illustrated by Beth Krommes. New York: Houghton Mifflin Books for Children, 2008.
Yolen, Jane, and Andrew Fusek Peters. *Here's a Little Poem: A Very First Book of Poetry.* Illustrated by Polly Dunbar. Cambridge, Mass.: Candlewick, 2007.

相关网站

Disney's FamilyFun: http://familyfun.go.com
Google Art Project: www.googleartproject.com
Land Art for Kids: www.landartforkids.com
Pinterest: www.pinterest.com

有关儿童艺术和创造力的博客

Childhood 101: http://childhood101.com
The Chocolate Muffin Tree: www.thechocolatemuffintree.com
The Crafty Crow: www.thecraftycrow.net
The Imagination Tree: www.theimaginationtree.com
Inner Child Fun: www.innerchildfun.com
Littlest Birds Studio: http://littlestbirdsstudio.blogspot.com
Making Art with Children (from the Art Studio at The Eric Carle Museum): www.carlemuseum.org/studioblog
Play at Home Mom: www.playathomemom3.blogspot.com
TinkerLab: http://tinkerlab.com

艺术游戏和活动

Clarke, Catriona, ed. *100 Things for Little Children to Do on a Trip* (and other *Usborne Activity Cards*). Illustrated by Non Figg. London: Usborne, 2008.
Fairytale Spinner Game from http://eeBoo.com.
Tell Me a Story cards from http://eeBoo.com.
Watt, Fiona. *Animal Doodles (Usborne Activity Cards)*. Illustrated by Non Figg. London: Usborne, 2010.

这里可以将儿童艺术作品做成书籍或其他产品

My Pix 2 Canvas (transfer children's artwork to canvas): www.mypix2canvas.com
Shutterfly (create a Mini Masterpieces photobook of your children's art): www .shutterfly.com
Snapfish (make calendars, coasters, cards, and other products from photos of children's art): www.snapfish.com/snapfish/kidsart
SouvenarteBooks (order custom-made books of children's art): www.souvenarte books.com

杂志

Action Pack (c-magazine for kids): www.action-pack.com
Alphabet Glue (e-magazine for families): www.birdandlittlebird.typepad.com/blog/alphabet-glue.html
Babybug (for children ages three and younger): www.babybugmagkids.com
Cricket (for children ages nine to twelve): www.cricketmagkids.com
FamilyFun (for parents interested in children's arts and crafts): www.familyfun .com
High Five (for children ages two to five): www.highlights.com/high-five-magazine-for-kids
Highlights (for children ages six to twelve): www.highlights.com
Ladybug (for children ages three to six): www.ladybugmagkids.com
Spider (for children ages six to nine): www.spidermagkids.com
New Moon Girls (for girls ages eight to twelve): www.newmoon.com

本书其他撰稿人简介

玛雅·唐菲尔德（Maya Donenfeld），幼儿教育工作者、艺术家和发明家。她和丈夫及两个女儿现居住在纽约州北部，在自己家的老房子里从事创作和创新工作。玛雅最大的灵感源泉来自在乡村的环境中养家糊口，和她废物回收箱中的各样物件。她的作品被众多杂志采用，她还为几本书提供设计。玛雅的著作《重新创造》（*Reinvention*）2012年由威立（Wiley）出版公司出版。她非常乐意和大家分享一些关于创造力培养和绿色生活的想法，并在她的博客 maya*made（http://mayamade.blogspot.com）上给大家展示了她的手工作品。

蕾切尔·多利（Rachelle Doorley）是一名艺术教育从业者，她的执教经验非常丰富，既能胜任圣荷西艺术博物馆学校项目的统筹管理工作，在斯坦福大学教授视觉思维也同样得心应手。此外，她曾还在华纳兄弟影业和环球影业担任过服装师。蕾切尔拥有加利福尼亚大学洛杉矶分校戏剧学学士学位和哈佛大学艺术教育专业硕士学位。她为 TinkerLab.com 撰写有关创意实验和艺术探索的文章。

凯西·格里芬（Cassi Griffin）于2008年创建了 The Crafty Crow（www.thecraftycrow.net），一个展示儿童手工艺术作品的策划平台。她是一名幼儿教育工作者，对于手工有着异乎寻常的热爱。她所创建的网站每天有数以千计的访问量，她希望通过这个平台鼓舞更多的父母和孩子一起进行艺术创作。凯西还为书籍和杂志提供手工设计创意,并且在自己的博客 Bella Dia（http://belladia.typepad.com）和大家共享她的兴趣、灵感并提供艺术指导。对于凯西而言,人生最大的乐趣就是在家抚育自己的三个孩子,并深深地享受着中部爱达荷州大山环绕的醉人美景。

玛丽安·F. 科尔（MaryAnn F. Kohl）出版了关于过程艺术的著作逾20本,其中包括《涂鸦艺术》《学前艺术》《第一堂艺术课》等。她还是创立于1985年的光环出版公司（www.brightring.com）的所有者。在女儿还没出生之前,玛丽安是一名小学教师,成为全职妈妈之后,她笔耕不辍,一直关注着儿童教育。身为艺术的倡导者,她还为《家庭乐趣》（Family Fun）、《育儿》（Parenting）等杂志撰稿,同时担任费雪和尼克国际儿童频道等知名公司的顾问。玛丽安现在和丈夫一起居住在华盛顿州的贝林汉姆市,她的两个女儿也都投身于艺术行业。

朱莉·里德尔（Julie Liddle）是 Art in Hand® 的创建者和执行官,这是一个致力于华盛顿特区学步期和学龄前儿童的艺术创作的特殊组织（http://artinhand.org）。朱莉本人是一名注册艺术心理治疗师,也是两个孩子的母亲。

戴安娜·梅瑟（Diana Mercer）是一位热情四溢的幼儿教师和艺术教师,执教长达20年之久。她是柑橘工作室（Clementine Studio）,科罗拉多博尔德艺术空间（Art Space for Children in Boulder, Colorado）以及第一个致力于全天然艺术材料的创作机构"柑橘艺术"（Clementine Art, www.clementineart.com）的创办人。戴安娜拥有科罗拉多博尔德大学初等教育专业的硕士学位,和康涅狄格州三一学院英语语言的学士学位。她的梦想是全世界的孩子都能成为生活的艺术家,并将这份艺术气息一直延展到成年。

朱迪斯·鲁宾（Judith A. Rubin），博士，认证艺术治疗师，著有关于艺术和艺术疗法的 6 本著作，拍摄相关电影 8 部。她是美国艺术治疗协会的荣誉终身会员，也是前任主席，任职于匹兹堡大学精神病学系以及匹兹堡心理分析中心，同时，她还是 Expressive Media（www.expressivemedia.org）的主席。朱迪斯曾在韦尔斯利学院学习艺术，哈佛大学学习教育学，匹兹堡大学专修心理学，并在匹兹堡精神分析学院学习成人和儿童心理分析。

凯丽·史密斯（Keri Smith）是一名自由职业插图画家，出版了若干本关于创造力的畅销书籍，包括《拆掉这本杂志》(Wreck This Journal)，《如何成为一名世界的探索者：便携式博物馆生活》(How to Be an Explorer of the World: Portable Life Museum)，《混乱：事故和错误手册》(Mess: The Manual of Accidents and Mistakes)，以及《游击艺术工具包》(The Guerilla Art Kit)。她最新的书籍《完成这本书》(Finish This Book) 由企鹅出版社 2011 年出版。凯丽目前和她的丈夫（艺术家和音乐家杰斐逊·皮切尔 Jefferson Pitcher），3 岁的儿子和刚刚出生的女儿住在纽约州。你可以访问 www.kerismith.com 获得更多信息。

苏珊·玛丽·斯旺森（Susan Marie Swanson），诗人，绘本作家，对于诗歌、儿童文学、儿童的世界有着特殊的情感。她的作品包括《夜晚的房子》(The House in the Night)、《像太阳一样》(To Be Like the Sun) 等。除了给孩子们创作诗歌和绘本，苏珊还和孩子们一起写诗长达 25 年，并在圣保罗学院和明尼苏达州友谊学校 COMPAS 作家和艺术家学校项目和夏季艺术项目任教。她曾获得布什基金会、麦氏基金会、明尼苏达艺术委员会等颁发的多项奖项。

凯西·威丝曼·托帕尔（Cathy Weisman Topal）是史密斯学院和史密斯学院实验学校的视觉艺术教师。正是在实验学校的教学经历，让她认识到孩子的智慧和无限的潜能。凯西著有《儿童，黏土和塑形创作》（*Children, Clay and Sculpture*）、《儿童和绘画》（*Children and Painting*）、《美好的体验：用现有的材料进行创作》（*Beautiful Stuff: Learning with Found Materials*）（和莱拉·甘迪尼 Lella Gandini 合著）、《线条思维》（*Thinking with a Line*）（详见 www.simth.edu/twal）以及两本艺术教程：《艺术探索：幼儿园》（*Explorations in Art: Kindergarten*）和《学校里学不到的创意思维》（*Creative Minds Out of School*），均是由戴维斯出版社出版（www.davisart.com）。

有关照片和插画作者

凯西·格里芬　147

玛雅·唐菲尔德　165、166

凯西·威丝曼·托帕尔　191 到 193

凯丽·史密斯　221

蕾切尔·多利　240 和 242

朱莉·里德尔　266

戴安娜·梅瑟　294